【ポイエーシス叢書】52.

コーラ
プラトンの場

ジャック・デリダ　守中高明 訳

未來社

Jacques Derrida　Khôra

目次

■凡例

・訳者による訳語の補足・説明などは〔 〕で、原語の参照は［ ］で示した。

・原則として、原文中の大文字で始まる語は〈 〉で、« »は「 」で示した。また、イタリック体は傍点による強調とした。ただし、フランス語にとっての外国語（ドイツ語、ギリシア語）はそのままとした。

・原註は☆で示し、本文の後にまとめて掲出した。

コーラ

装幀——戸田ツトム

このテクストの最初のヴァージョンは、一九八七年、『ポイキリア――ジャン＝ピエール・ヴェルナンに捧げる論文集』（パリ、ＥＨＥＳＳ出版局）に発表された。われわれは、ガリレー社から、他の二つの試論『パッション』と『名を救って／名を除いて』を同時に刊行する。たがいを隔てているものすべてにもかかわらず、これらの著作は、たがいに応え合い、唯一にして同じ布置の内部でおそらくはたがいを照らし出してもいるようにみえる。これらのタイトルの可動的な統辞法のもとで、読まれ得るだろうのは、ある与えられた名についての三つの試論、あるいは与えられた名に到来するかも知れないもの（無名(アノニマ)、換喩(メトニミー)、古名(パレオニミー)、秘名(クリプトニミー)、偽名(プスユドニミー)）についての、したがって、受け取られた名に、さらには支払うべき名に到来するかも知れないものについての試論、おそらくは人が、名に、名の名に、すなわち異名に、そして義務（与えることあるいは受け取ること）の名に負うているもの（与えねばならないあるいは犠牲に捧げねばならないもの）についての試論である。

「神話は、したがって、哲学者たちの無‐矛盾の論理との対照において、曖昧なものの論理、両義的なものの、極性の論理と呼ばれ得る一つの論理形式を作動させる。ある項をその反対物のうちに、離れた他のさまざまな視点から両者を保持しつつ、逆転させてしまうこれらのシーソーの操作を、どうやって定式化すれば、さらにはどうやって形式化すればよかろう？　言語学者たち、論理学者たち、数学者たちのほうを向いて、自分に欠けている道具を彼らが提供してくれるように、結論として、この欠乏証明書を作成するのは、神話学者の責任であった。その道具とは、二項性の、然りか否かの論理ではないような論理を、すなわち、ロゴスの論理とは別の論理をそなえた構造的モデルである。」

ジャン＝ピエール・ヴェルナン

「神話の理性」、『古代ギリシアにおける神話と社会』所収、一九七四年、二五〇頁

コーラがわれわれに訪れる、それも、その名として。そして、一つの名がやって来るとき、それはすぐさま名以上のもの、名の他者、端的に他なるものを語り、まさにそれらの侵入をこそ、その名は告げ知らせるのだ。この告知はいまだ約束せず、まして脅かすことはない。告知は誰（ペルソンヌ）も約束することなく脅かすこともない。人称（ペルソンヌ）に対して、それはいまだ異質なるままにとどまっている――ただ切迫だけに名をつけながら、さらには、あらゆる約束の、そしてあらゆる生じ得る脅威の神話、時間、歴史に対して異質なる、一つの切迫に名をつけながら。

よく知られていることだが、プラトンがコーラの名で指し示しているものは、『ティマイオス』において、ヴェルナンの語るあの「哲学者たちの無‐矛盾の論理」を、すなわち、あの「二項性の、然り（ウィ）か否（ノン）かの」論理を、挑発しているようにみえる。したがって、それはおそらく、あの「ロゴスの論理とは別の論理」に属するものであるだろう。コーラは「感性的」でも「叡智的」でもなく、「第三の類（ジャンル）」（*triton genos*, 48e, 52a）に属しているのである。人はコーラについて、それはこれでもなくあれでもない、とすら言うことはできず、あるいは、それは同時にこれかつそれである、とすら言うことはできぬ。コーラがこれもあれも名指してはいないということ、あるいはこれとあれとを語っているということを想起させるだけでは、充分ではないのである。ティマイオスによって宣言された苦境は、別の仕方で明示されるのだ。すなわち、あるときコーラは、これでもなくあれでもないようにみえ、またあるときは、同時にこれでありかつあれであるようにみえる。だが、排除の論理と分与の論理とのあいだにおけるこのような二者択一性は、われわれはこの点に後でゆっくりと立ち戻るつもりだが、おそらく、かりそめの外見とレトリック上の諸制約に由来するものであり、それどころか、名づけることへのなんらかの不適性に由来するものなのである。コーラは、あの叡智的で不変のモデルたる、「模範（パラデイグマ）」の領界にとって異質であるようにみえる。だが、それでいて、「不可視」にして感性的形態なきものであるそれは、実に厄介な仕方で——実際、撞着的（*aporôtata*, 51b）な仕方で——、叡智的なるものに「分与している」。それでも、われわれは嘘をついていることにはなるまい——とティマイオスは付け加える——、それでも、われわれはそのことを宣言することによって虚偽を言うことにはならないだろう（*ou pseusometha*）、と。この否定的な寸言の慎重さは、省察を促す。嘘をつかないこと、虚偽を言わないこと——はたしてそのことは必ず、真なることを言うことであるのだろうか？　そしてこの点に関して、証言はいったいどうなっているのか？

予備的なアプローチの資格において、もう一度つぎのことを想起しておこう。すなわち、呈示され＝現前しているかぎりにおけるコーラについての言説は、自然なあるいは正当なロゴスから生じてはおらず、むしろ、雑種交配的で私生児的、それどころか頽廃してさえいるような推論（*logismô nothô*）から生じているということを。それは「あたかも夢を見ているかのように」（52b）告げられており、そのことが同時にまた、その言説から、一つの予知能力が授けてくれる明晰性を奪い去っているのかも知れない。

このような言説は、それでは、神話に属するものなのだろうか？　人はまたしてもロゴス／ミュトスという二者択一性に頼りつつ、コーラの思考に接近することになるのだろうか？　そしてもし、この思考もまた第三のジャンルの言説を呼び招く態のものなのだとしたらどうか？　そしてもし、おそらくコーラの場合と同様に、この第三のジャンルへの呼びかけというのが、ジャンルの彼方にある一つのジャンルへ向けて合図を送るための迂回の時間にすぎないとしたら？　つまり、なによりもまずそれに接近することを、あるいはそれを言うことを可能にしてくれるような、さまざまなカテゴリーの彼方、とりわけさまざまなカテゴリー的対立措定の彼方にある、そんな一つのジャンルへ向けて合図を送るための迂回の時間にすぎないとしたら？

感謝と賛嘆のしるしとして、ここに、そんなわけでジャン＝ピエール・ヴェルナンに一つの問いのオマージュを捧げる。その問いは、われわれにかくも多くを教えてくれ、ミュトス／ロゴスという対立措定についてはもちろんのこと、のみならず、さまざまな極の絶え間ない反転について思考する機会を与えてくれた人、すなわち「神話の理性」や「両義性と転倒」の著者その人に宛てられている。ロゴスの規則性、その法、その自然なあるいは正当な系譜を超え出るものでありながら、それでいて、厳密な意味では［*stricto sensus*］、ミュトスには属さないものを、いかにして思考すればよいのか？　ロゴスとミュトスとの停止したあるいは遅れてやって来た対立措定の彼方で、他の多くの対立措定にと同様にこの対立措定にも場を与えつつ、時としてもはや、みずからが位置づける当のものの法には従わないようにみえる、そんなものの持つ必然性を、いかにして思考すればよいのか？　そのような場の何を？　はたして、それは名づけ得るものなのだろうか？　そして、それは名づけることの可能性に対してなんらかの不可能な関係を持っているのではなかろうか？　そこには、われわれが大急ぎで言ったように、何か思考すべきものがあるのだろうか——それも、必然性にしたがって思考すべき何かが？

I

いましもわれわれの語った揺れ動きは、他にも数ある揺れ動きの一つではない。つまり、二つの極のあいだの揺れ動きなのではない。それは、二種類（ジャンル）の揺れ動きのあいだで揺れ動いている。すなわち、二重の排除（……でもなく／……でもない）と分与（同時に……であり、これかつそれである）とのあいだで。だが、われわれには、この超－揺れ動きの論理、準論理、ないし超論理を、ある集合から別の集合へと移し替える権利があるだろうか？　その論理は、なによりもまず、存在者の諸ジャンル（感性的／叡智的、可視的／不可視的、形相／形相なし、イコンあるいは模倣素／模範（パラデイグマ））に関わるものだったのだが、われわれはこの論理を、言説の諸ジャンル（ミュトス／ロゴス）、ないし存在するものあるいは存在しないもの一般への関係の諸ジャンルのほうへと移動させてしまったわけだ。このような移動は、おそらく自明のことではない。それは、ある種の換喩（メトニミー）に依拠している。この換喩は、諸々の名を移動させつつ、存在の諸ジャンルから言説の諸ジャンルへとみずからを移動させるものであるだろう。しかし、一方で、とりわけプラトンにおいては、この二つの問題設定を分離することはつねに困難である。言説の資格は、なによりもまず、その言説が語る存在の資格に由来しているのである。それはまるでいささか、一つの名はその名に真っ先に値しかつその名を呼ぶ者（こと）にしか与えられるべきではないかのようだ。言説は、存在するもの一般への関係と同様に、みずからの関係するところのものによって資格を得たり資格を失ったりするのである。他方、換喩がみずからを正当化するのは、ジャンルを経由することによって、すなわち、あるジャンルから別のジャンルへと、存在の諸ジャンルの問題から言説の諸ジャンルの問題へと経由していくことによってである。ところで、コーラについての言説は、類（ジャンル）(*genos*) というものについての、そしてさまざまな種類（ジャンル）のジャンルについての言説でもある。われわれは、のちに、『ティマイオス』の冒頭にその主題が現われる、人々 [*gens*] ないし民衆 (*genos, ethnos*) としての類＝

ジャンルに触れることになるだろう。さしあたりここでわれわれの注意を引いている狭い文脈、コーラについてのシークエンスという文脈において、われわれはさらに二つの種類（ジャンル）のジャンルに出会う。コーラとは、存在の二つのジャンル（不易にして叡智的な／滅びやすく生成状態にあり感性的な）に対する *triton genos*〔第三のジャンル〕であるのだが、それは同時に、性的なジャンル＝ジェンダーに関しても限定を受けているようにみえる。すなわち、ティマイオスは「母」や「乳母」について語っているのである。彼は、ある様態＝叙法〔mode〕でそうしているのだが、われわれは性急にその様態＝叙法の名を言うつもりはない。『ティマイオス』のほとんどすべての註釈者たちが、この点に関して、レトリックという資源に頼っている――その資源を用いている主体には決して問いかけることなしに。彼らは、メタファーやイマージュや比喩について冷静に語る[☆1]。彼らはこのレトリックの伝統についていかなる問いを提起することもない。このレトリックの伝統は、さまざまな概念のつまった貯蔵庫――大いに役立ちはするがそのすべてが感性的なものと叡智的なもののあいだのあの区別の上に構築されている、そんなさまざまな概念のつまった貯蔵庫を彼らに自由に使わせてくれるのだが、まさしくそのような区別にこそ、コーラについての思考はもはや甘んじることができないのであり、プラトンは、そのような区別に甘んじることにこそコーラについての思考がおよそ最も大きな困難を覚えているということを、曖昧さなしに聴き取らせているのだ。このレトリックの――とりわけ名づける可能性の——問題は、ここでは、見られるように、付随的な問題ではない。その重要性は、なんらかの教育的次元（コーラに関してメタファーを語る人々は、しばしばこう明言する——これは教育的なメタファーなのだ、と）や、例証的あるいは方便的次元に限定されるものではなおのことない。われわれは、さしあたっては、その重要性を知らせ、位置づけることで満足するつもりだが、すでに明らかなのは、コーラとまったく同様に、そしてまったく同じく必然的に、その重要性は、容易に位置づけられ、居場所に割り当てられるがままにはならないということだ。すなわち、それは、位置づけられるものであるよりも位置づけるものであり、能動的なるものと受動的なるものとの文法的あるいは存在論的ななんらかの二者択一から今度はそれを逃れさせねばなるまい、そんな対立措定なのである。われわれは、メタファーについて語るつもりはないが、それは、たとえば、コーラが、本来的には母や乳母、受容体や刻印台、あるいはいくばくかの金であるなどと理解するためではない。たぶん、メタフォリカルな意味／本来的な意味という極性の彼方あるいは手前へコーラが赴くがゆえにこそ、コーラについての思考はミュトス／ロゴスという、おそらくは類同的な極性を超え出てしまうのである。こうしたことが、少なくとも、われわれがここで読解の試練にかけてみたい問題だということになる。予想される結果は、つぎのようなものとなろう。すなわち、この二つの極性によって、コーラについての思考は、極性の秩序そのものを、極性一般——弁証法的なものであるにせよそうでないにせよ——の秩序そのものを、不安に陥れるだろう。さまざまな対立措定に場を与えつつ、その思考それ自体はいかなる逆転にも従うことはないだろう。そしてそのことは、これはまた別の結果だが、その思考がその名の彼方で不変にそれ自体であるだろうからではない。そうではなく、それは、意味の（メタフォリカルなあるいは本来的な）極性の彼方に達することによって、その思考が、もはや意味の地平にも、存在の意味としての意味の地平にも属さないだろうからである。

こうしたさまざまな予防線や否定的な仮説の後でなら、われわれがコーラという名をあらゆる翻訳から保護したままにしておいたことを、人は理解してくれるだろう。ギリシア語の内部においても、ギリシア語からなにか別の言語へかけても、確かにある翻訳がつねにはたらいているようにみえる。そのうちのどれも確実なものだとは見なさぬことにしよう。思考することと翻訳することとは、ここでは同一の経験＝実験を貫いているのだ。もし企てられねばならないとすれば、そのような経験＝実験が気にかけるのは、ただ単に一つの呼称ないし一つの意味の原子だけではなく、同時に、ある譬喩的＝転義的テクスチャーの全体——一個の体系とはまだ言うまい——であり、そして、それらに、つまり、この「譬喩＝転義法」の諸要素に、名づけるべく接近する方法である。コーラそれ自体の名（「場」、「場所」、「用地」、「領域」、「地方」）に関わるものであれ、ティマイオス自身によって提案された、伝統が文彩と呼ぶところのもの——比喩、イマージュ、メタファー——（「母」、「乳母」、「受容体」、「刻印台」）に関わるものであれ、それらの翻訳は解釈の網目に捕らえられたままでいる。それらは、さまざまな遡行的投影から帰結したものであり、その投影の時間錯誤性（アナクロニスム）はつねに怪しまれて当然である。この時間錯誤性は、注意深く厳密な解釈ならすっかりそれをまぬがれ得るような弱点であるというわけでは必ずしもなく、つねにあるいはただ単にそうした弱点であるというわけではない。われわれは、誰一人それをまぬがれている者などいはしないということを証明すべく試みるつもりである。ハイデガー自身——彼はそれでも決して「メタファー」について語りはしなかった稀な一人である——、このような目的論的遡行に屈しているとわれわれにはみえるのだが[☆2]、彼は他方で、そのような目的論的遡行に対してわれわれをこんなにも適切に警戒させてくれる人なのである。そしてこの身振りは、「哲学－というもの－の－歴史」への彼の問いかけと関係の総体にとって、きわめて意味深く思われる。

レトリックや翻訳あるいは目的論的時間錯誤性について今しも言われたばかりのことは、ある誤解を生むかも知れない。ただちにそれを一掃しておく必要がある。われわれは決して、コーラのための正しい語を提案し得ると主張しているのでもなければ、レトリック上のあらゆる言い回しや迂回＝紆余曲折の彼方で、ついに、それに、すなわちそれ自体に呼びかけ得ると主張しているのでも、あらゆる視点の外、あらゆる時間錯誤的パースペクティヴの外で、それがそうであったということになるところのものに向けて、最後に、それに、すなわちそれ自体に接近し得るなどと主張しているのでもない。その名は、正しい語ではない。その名は消去し得ぬものを約束されている——たとえそれが名づけているもの、すなわちコーラが、その名に、とりわけその名に還元されるものではないにしても。転義法と時間錯誤性は不可避的なものである。そして、われわれが証明したいと思っていることのすべて——それは、転義法と時間錯誤性をそのように不可避的なものとしつつ、それらを偶発事や弱点、あるいはかりそめの瞬間とは別のものにする、そんな構造のことなのである。この構造的な法は、『ティマイオス』の諸解釈の全歴史を通じて、それとしてアプローチされたことはなかったように思われる。事はもちろん一つの構造に関わっているのであって、コーラのなんらかの本質にではないだろう——本質の問いといったことは、この主題にとってはもはや意味を持たないのだから。いったいどうやって、本質を持たないのであってみれば、コーラはその名の彼方にみずからを保てるだろうか？　コーラは時間錯誤的であり、それは存在における時間錯誤、それどころか存在の時間錯誤「である」。それは、存在を時間錯誤化するのだ。

諸解釈の全歴史、とわれわれは言った。古代以来『ティマイオス』に捧げられた膨大な文献が汲み尽くされることは決してないだろう。ここでそれをその総体において取り扱うなどということは、問題外である。それもとりわけ、この総体の単一性ないし均質性を前提とすること、なんらかの秩序化された理解においてそれを全体化することの可能性そのものが、問題外なのである。われわれが前提とするつもりなのは、反対に——そしてそれはいまだ一つの「作業仮説」と呼ばれかねまいが——、そのような秩序の推定（集結、単一性、一個のテロスによって組織化された全体性）が、先ほどわれわれが語った構造的な時間錯誤性と本質的な結びつきを持っているということである。それは、コーラのような何か［*quelque chose comme*］によって産み出された避けがたい効果であるだろう——その何かとは、何か＝なんらかのもの［quelque chose］ではなく、あたかも［*comme*］何ものでもないかのようであり、それが向こうで——その名の彼方で——それであるだろうところのもののようですらなく、つまりは、それ自体ですらないのだ。

豊かで、数限りなく、汲み尽くせぬものであるそれら諸解釈は、結局のところ、コーラの意味作用あるいは価値を知らせに［informer］やって来る。それらは、つねに、コーラを限定しつつ、それに形を与えること［*donner forme*］に存するのである——とはいえコーラがみずからを差し出しあるいはみずからを約束するのは、ただあらゆる限定から逃れることによってのみ、つまり、われわれがコーラがそれに晒されていると言うあらゆる刻印ないし印象から逃れることによってのみなのだが。すなわち、コーラから何かを受け取ることをなんら期待せずに、われわれがそれに与えたいと思うすべてのものから逃れることによってのみ……。しかし、コーラの解釈について――コーラについてのプラトンのテクストについて――、与えられたあるいは受け取られた形［forme］、刻印あるいは印象、情報＝形をもたらすこと［information］としての認識等々について語りながら、われわれがここで述べていること――そうしたことのすべては、テクストそれ自体がコーラについて語っていることから、すなわち、その概念的かつ解釈学的装置から、すでに事をじかに汲み上げている。たとえば、例として挙げれば、プラトンのテクストにおける「コーラ」に関してわれわれが述べたばかりのことは、コーラに関するプラトンの言説を、そのあらゆる図式とともに、単に再現ないし転写しているだけである。そのことは、図式［schème］という語を今しも私が用いたこの文そのものにまで及んでいる。*skhemata* というのは、コーラの中に浮き出し刻みつけられた諸形象のこと、それに情報＝形を与える形態のことである。それらは、コーラに属することなしにコーラのものとなるのである。

したがって、さまざまな解釈が「コーラ」に形を与えにやって来るだろう――みずからの圧痕の図式的な刻印をそこに残しつつ、そしてみずからのもたらすものの沈澱物をそこに託しつつ。だがそれでいて、「コーラ」は、これら転義的あるいは解釈的翻訳の諸類型によって損なわれたり手をつけられるがままにさえなることは決してないようにみえるし、まして傷つけられたり、とりわけ汲み尽くされるがままになることは決してないようにみえる。人は、「コーラ」がそれらに安定した基体あるいは実体の支えを提供していると言うことすらできはしない。コーラは、なにかある主体［sujet］ではない。それは主体というものではない。基底材［*subjectile*］でもない。解釈学的諸類型がコーラに情報＝形をもたらすことができるのは、つまり、形を与えることができるのは、ただ、接近不可能で、平然としており、「不定形（アモルフ）」(*amorphon*, 51a) で、つねに手つかず＝処女的、それも擬人論に根源的に反抗するような処女性をそなえているそれ［elle：彼女＝コーラ］が、それらの類型を受け取り、それらに場を与えるようにみえるかぎりにおいてのみなのである。しかし、ティマイオスがそれを受容体 (*dekhomenon*) あるいは場 (*khôra*) と名づけているにしても、それらの名は一つの本質を、一つのエイドス〔形相〕の安定した存在を指し示しているわけではない。というのも、コーラはエイドスの領界に属しているのでも、コーラのうちにみずからを刻みつけにやって来るようなエイドスの模倣素やエイドスのイマージュの領界に属しているのでもないからである――それゆえ、それは存在せず、周知のあるいは認知された存在の二つのジャンルに属してはいないのだ。それは存在せず、この〈存在－しない－もの〉にできるのは、ただみずからを告げ知らせることだけ、つまり、ともかく受け取ること［*recevoir*］や与えることといった擬人論的図式を通して捉えられたり抱懐されたりする［concevoir］がままにならないことだけである。コーラは、受け取ったり抱懐〔＝妊娠〕したりすることによって――それどころか抱懐されるがままになることによって――場を与えるであろうような、支持体あるいは主体ではない、とりわけそれらではない。いったいどうやって受容体というこの本質的意味作用をコーラのうちに否認することができようか――この名そのものがプラトンによってそれに与えられているというのに？　困難なことだ。おそらく、われわれはまだ、受け取ること、この受容体の持つ〈受け取ること〉というのが何を言わんとしているかを、すなわち *dekhomai*〔受け取ること〕、*dekhomenon*〔受容体〕というのが何を言っているかを、考えてはいない。おそらく、われわれはそのことをコーラからこそ、学び始めることになるだろう――そのことを受け取り始めることに、つまり、その名が呼んでいることをコーラから受け取り始めることになるだろう。そのことを受け取ること、そのことを理解するのではないにしても、抱懐し始めることに。

すでにお気づきのことだろうが、われわれは今や〔前段落以降〕、コーラと言っており、慣習がつねにそうすることを望んできたように〔定冠詞単数女性形つきで〕コーラというもの［*la khôra*］とは言っておらず、さらに、用心してそうすることもできたかも知れないように、「コーラ」という語、概念、意味作用あるいは価値と言っているのでもない。そのことはいくつかの理由によるが、その大部分はおそらくすでに明白である。定冠詞とは、ある物の存在を、すなわち、コーラという存在者をあらかじめ想定するものであり、一つの普通名詞を通してそれを指向＝参照するのは容易なことだろう。ところが、コーラについて言われていること、それこそは、この名が、哲学的言説によって、つまり、『ティマイオス』を支配している〔=において法をなしている〕存在論的ロゴスによって、知られ、認知され、あるいはなおもこう言ったほうがよければ、受け取られているようないかなるタイプの存在者をも指し示してはいない、ということである。コーラは感性的でも叡智的でもないのである。コーラがあり [il y a *khôra*]、人はそのフュシスとデュナミスに問いかけること、少なくとも暫定的にそれらに対して問いかけることさえできるのだが、そこにあるものは存在しない [ce qu'*il y a* là n'est pas]。そしてわれわれはもっと後で、このある [*il y a*] が思考すべく促している [donner à penser] かも知れないことに立ち戻るつもりだが、このある [*il y a*] は、そもそも、場を与え [donnant lieu]、あるいは思考すべく促しつつも、何一つ与えているわけではないのであり、その点において、そこに *es gibt*〔〜がある=それが〜を与える〕の等価物を見るのは危険であるだろう――そのキリスト教的な歴史において、否定神学をあいかわらず呼び出さないかぎり、おそらく否定神学の全体に巻き込まれたままでいる、あの *es gibt* の等価物を見るのは。

それでは、〔定冠詞単数女性形つきの〕コーラというものの代わりに、慎重につぎのように言うことで人は満足するつもりなのだろうか。すなわち、コーラという語、普通名詞、概念、意味作用あるいは価値、と？ これらの用心も充分ではないだろう。それらはさまざまな区別（語／概念、語－概念／物、意味／指向、意味作用／価値、名／名づけ得るもの、等々）をあらかじめ想定しており、それらの区別自体が、少なくとも、一つの限定された存在者、すなわち、他の存在者から区別されており、そして、指示作用や表示作用といった諸々の言語行為を通してそれに——その存在者あるいはその存在者の意味に——照準を合わせている諸々の行為からも区別された、そんな限定された存在者の可能性を前提としているのだから。これらの行為のすべては、一般性に、多様性の秩序に訴えるものだ。すなわち、類、種、個体、類型、図式、等々といったものに。ところが、われわれがコーラについて『ティマイオス』の中に読み取ることができる——と思われる——のは、一つの物［chose］ではない「何か［quelque chose］」が、これらのあらかじめの想定と区別こそを問題化しているということである。「何か」は物ではなく、そのような多様性の秩序から逃れ去っているのだ。

しかし、われわれがコーラと言い、〔定冠詞単数女性形つきの〕コーラというもの［*la khôra*］とは言わないにしても、われわれはともかく依然として一つの名を作り出しているわけだ。それは、確かに一つの固有名詞ではある。だが、それは一つの語、どんな普通名詞もそうであるのと同様に、物あるいは概念からは区別された一つの語である。他方、その固有名詞は、例によって、ある人物＝人称に、それもここでは一人の女性に帰せられるようにみえる。おそらく一人の女性に、どちらかといえば一人の女性に。このことは、われわれが警戒したいと思ってきた擬人論の危険性を増大させはしないだろうか？　この危険は、そもそもプラトンが、人も言うように、コーラを母あるいは乳母に「喩えて」いるようにみえるとき、プラトン自身が冒しているのではなかろうか？　受容体という価値は、受動的で処女なる素材として、女性的エレメントに結びついてもいるのではなかろうか——それも、まさしくギリシア文化におけるそれに？

これらの異論は、価値のないものではない。けれども、コーラが、固有名詞としての語のある種の性質を確かに示してはいるとしても——たとえそれがたった一つのものへの見せかけの指向を通してにすぎなかろうとも（そして『ティマイオス』の中には、より厳密に言えば後でわれわれが取り組むつもりの『ティマイオス』のあるパッセージの中には、ただ一つのコーラがあるだけであり、まさしくそのようにわれわれはそれを理解しており、いかに分割可能なものであれ、それは一つしかないのである）——、この指向の指向対象は、しかしながら、実在しない。それは、存在者の諸性質をそなえてはいない——それはつまり、存在論的なものの中に受け容れ可能な存在者の、すなわち、叡智的なあるいは感性的な存在者の諸性質をそなえていない、という意味である。コーラがある、だがコーラというもの＝そのコーラ［*la khôra*］は実在しないのだ。冠詞のこの消去は、さしあたり限定をつぎの両者のあいだで宙吊りにする。すなわち、不可視の括弧（われわれは『ティマイオス』のあるパッセージにおけるプラトンのある言葉を引用している——それが何を言わんとしているか、そしてどうやってそれを限定すればよいのか、いまだ分からないままに）と、一つの物ではなく、しかし、かくも謎めいたその単一性において執拗に持続し、応答することなく、見られ、抱懐され、限定されるべくみずからを差し出すこともなしに、呼ばれるがままになりあるいはみずからを呼ばせる、そんな何ものかへの指向とのあいだで。現実の指向対象を奪われて、確かに一固有名詞に似たものは、一つのXを呼び＝要請することにもなるが、このXが固有性として——フュシスとしてかつデュナミスとして、とテクストは言うだろう——そなえていることはと言えば、何一つ固有のものとしては持たず、不定形（*amorphon*）なままにとどまるということなのである。まさしく何ものでもない、このきわめて特異な非固有性——それこそが、こう言ってよければ、コーラが保持しなければならないものであり、それこそが、コーラのために保っておく必要があるもの、それのためにわれわれが保持しておく必要があるものである。そうするためには、コーラを一般性の中に混淆しない必要がある。ある限定された存在者の、すなわち、コーラが「受け取る」存在者たちのうちの一つ、あるいはコーラがそのイマージュを受け取る存在者たちのうちの一つである、そんな限定された存在者の固有性でもあるだろうさまざまな固有性を、きちんと賦与することによって、コーラを一般性の中に混淆しないようにする必要があるのだ。その存在者とは、たとえば、女という性別（ジャンル）の存在者であり、だからこそ、母あるいは乳母の女性性は、固有のものとしてそれに賦与されることは決してないだろう。このことは、われわれはこの点に再び立ち戻るつもりだが、そこで問題になっているのが単なるレトリック上の諸形象だということを意味しているわけではない。コーラは彼女に代わって [*pour elle*] 受け取ってはならず、したがって、それは受け取るべきではなく、ただみずからの受け取る（ところのものの）固有性を与えられるがままになるべきなのである。それは受け取ってはならず、それはみずからの受け取るものを受け取らないのでなければならないのだ。この種のあらゆる混乱を避けるためには、逆説的ながら、それへのアプローチを形式化し、この件に関してはつねに同一の言葉遣いを保つ（ταὐτόν αὐτὴν ἀεὶ προσρητέον, 50b）のが妥当である。それはなにも、しばしばそう翻訳されるように、それに「つねに同じ名を与える」ということではない。そうではなく、同じやり方でそれについて語りかつそれを呼ぶことなのだ。要するに、忠実にということだ――たとえこの誓いが他のいかなる誓いにも還元不可能であるにしても。この「やり方」は唯一のもの、あるいは典型的なものだろうか？　それがそなえているのは、特有言語による一つの出来事の特異性なのか、それとも一つの図式によって規則づけられた一般性なのか？　換言するなら、この規則性は、プラトンのテクストの中に、というよりもむしろ『ティマイオス』のこれこれのシークエンスの中に、その唯一にして最良の定式化を見出しているのだろうか、それとも、それがいかに特権的なものであれ、諸々の例のうちの一つを見出しているのだろうか？　いかなる点において、いかなる意味において、『ティマイオス』は模範的であると言われることになるのだろうか？　そして、名よりもむしろ、呼び方が同一であり続けることが重要なのだとしたら、人ははたして、コーラを他のさまざまな名によって置き換え、引き継ぎ、翻訳することができるだろうか——呼び方の、つまりは一つの言説の規則性にもっぱら留意しようと努めることによって？

このような読解の舞台にみずからが捉えられており、さまざまな解釈や再自己固有化からなる広大な歴史＝物語の中にみずからが前もって包含されているということをわれわれが知っているなら、こうした問いこそが反響せずにはいないのだ——それらの解釈や再自己固有化は、何世紀にもわたってコーラのまわりにやって来てはせわしなく立ち振る舞い、コーラを引き受け、あるいはコーラにさまざまな書き込みや浮き彫りを過剰に背負わせ、コーラに形を与え、さまざまな型を刷り込むことによって、そこに新たな対象を生み出したり、他の沈澱物を積もらせたりしてきた。この終わりなき注解の理論は、ティマイオスの言説の跡を追って、いったい何が、プラトンのテクストとともにではなく、コーラそれ自体とともに起きているかを再現しているように見える。コーラそれ自体［*elle-même* = 彼女自身］とともに——、このX（χ あるいは *khi*）について少なくともそのように語り得るとすればの話だが、その男性的なもの［lequel］あるいは女性的なもの［laquelle］は、感性的にせよ叡智的にせよ、質料的にせよ形相的にせよ、いかなる固有の限定をも有していないはずであり、したがって、自己へのいかなる同一性をも有していないはずである。すべてはあたかも、コーラの諸解釈の来たるべき歴史＝物語が前もって書かれ、それどころかあらかじめ定められており、コーラ「それ自体」を「主題〔＝主体〕とする［au sujet de］」『ティマイオス』のいくつかのページの中で前もって再現されかつ省察されているかのように、起きているのだ。その絶え間ない再開、挫折、積み重ね、重ね写しや重版＝再刻印の数々とともに、この歴史＝物語は、前もってみずからを消去している――というのも、それは先取りすることでみずからをプログラムし、再現＝再生産し、反射＝省察しているからである。定められ、プログラムされ、再現＝再生産し、反射＝省察されるような歴史――それはなお歴史だと言えるだろうか？　それは、歴史という概念が、その概念を構成しつつ抹消してしまうような目的論的プログラム化作用をみずからのうちに孕んでいないかぎりにおいてである。「これこそが、どんなふうにして――困難でアポリア的でまるで夢でも見ているような仕方で――人がコーラを漠然と理解しているかの実態である」と宣言することによって、誰か（ティマイオス、プラトン等々）は結局つぎのように言ったことになるだろう。すなわち、これこそが、私がここで述べていることに関するありとあらゆる解釈が今後似ることになる――それも永遠に――ところのことである、と。それらの解釈は、コーラについて私が述べていることに似ることになるだろう。そしてそれゆえにこそ、私がコーラについて述べていることは、この主題に関して＝この主体にしたがって［à ce sujet］、この主題のうえに構築されることになる解釈学および諸制度の全歴史の法に前もって注釈を加え、描き出しているのである。

この点に関しては、何一つ偶発的なことはない。コーラはありとあらゆる限定を、それらに場を与えるべく受け取るが、その限定のうちのどれ一つとして固有のものとして所有することはない。コーラはそれらを所有し、それらを持つ、というのも、コーラはそれらを受け取るからだが、しかし、それらを固有性として所有することはなく、何一つ固有なるものとして所有することはない。コーラとは、まさに、その「うえに」、その主体に、それも、その主体にじかに、みずからを書き込みにやって来るものの総体ないしプロセス「である」わけだが、しかしそれは、それらすべての解釈の主題あるいは現前する支持体ではない、とはいえ、それにもかかわらず、それはそれらの解釈に還元されることはないのである。単純に言って、この過剰は何ものでもなく、存在論的に存在したり言われたりするような何ものでもない。支持体のこの不在――それは不在の支持体や支持体としての不在といったものに翻訳することはできない――は、あらゆる二項的あるいは弁証法的な限定を、つまり、哲学的類型による臨検を、すなわち、より厳密に言えば存在論的類型による臨検を、惹き起こしかつそれに抵抗する。この類型は、みずからに場を与えてくれるように見えるそれそのものによって、同時に挑発されかつ活性化されることになるのである。とはいえ、のちにわれわれは、より分析的な仕方で強調しつつ想起せねばなるまい――場＝理由があるとしても [*s'il y a lieu*]、あるいはわれわれの特有言語にしたがうなら、与えられた場＝理由 [*lieu donné*] があるとしても、場を与えることは、ここでは一つの場所の贈り物をすること [faire présent d'une place] に帰着するわけではないということを。場を与える [*donner lieu*] という表現は、誰かに与えられることになるような何かの支持体あるいは起源たる、与える主体の身振りに差し向けはしないのである。

臆病なまでに予備的なその性質にもかかわらず、これらの指摘は、それを形式化することがほとんど不可能に見える一つの「論理」のシルエットを、われわれにおそらく垣間見させてくれる。この「論理」は、依然として一つの論理となるのだろうか、すなわち、それを「定式化し、さらには形式化する」ことが問題であるような神話の「論理形式」について語るときのヴェルナンの言葉を再び取り上げるならば、「一つの論理形式」となるのだろうか。そのような神話の論理はおそらく存在する、しかし、われわれの問いは立ち戻ってくるのだ。すなわち、コーラの思考、それは「哲学者たちの無－矛盾の論理」には明らかに属さないものだが、だからといってその思考は、神話的思考の空間に帰属するものなのか？　コーラの思考を模範とするような「私生児的」ロゴスは、またしても一つのミュトスなのだろうか？

ここでわれわれは、長い迂回の時間をみずからに与えることにしよう。ヘーゲルの思弁的弁証法が神話的思考を目的論的パースペクティヴの中に書き込むやり方を検討してみるとしよう。この弁証法について人は、それは無‐矛盾の論理であり、かつそうではない、と言うことができる。この弁証法は、それとしての矛盾を統合し止揚する〔*relever*〕。同様にして、この弁証法は、それとしての神話的言説を哲学素の中に止揚するのである。

哲学が真面目なものになるのは――ヘーゲルにしたがえば、そしてわれわれもまたヘーゲル以後〔*après*〕、彼にしたがって〔d'*après*〕思考しているわけだが――、ただ哲学が論理への確実な道に踏み込む瞬間から発してのみである。それはつまり、みずからの神話的形式を放棄した後、すなわち止揚した後から、ということだ――プラトン以後、プラトンとともに。哲学の論理は、概念がその神話論的な眠りから目覚めたとき、それ自身に達するのである。眠りと目覚め――というのは、その出来事は単純な暴き出しから、すなわち、潜在的な力の中に包まれていた哲学素を明示化し意識化することから成っているからである。神話素は、その弁証法的な*Aufhebung*〔止揚〕へと差し出され約束された、前‐哲学素にすぎなかったということになるだろう〔*n'aura été*〕。この目的論的な前未来時制は物語の時間に似ているが、それは物語の外部への出口についての物語である。それは、語りのフィクションの目的＝終わりをしるしづけているのである。ヘーゲルはそのことを、彼の「友人クロイツァー」とその書物 *Symbolik und Mythologie der alten Völker, besonders der Griechen*, 1810-1812〔『古代の諸民族、とりわけギリシア人の象徴体系と神話学』、一八一〇―一八一二年〕を擁護しつつ説明している。[☆3] 神話的ロゴスも、なるほど、「哲学すること」の一種であるという自負を表明することができる（一〇八頁）。哲学者たちは、哲学素を想像力（*Phantasie*）に近づけるために、神話素を用いることができたのである。しかし、「神話の内容は思考である」（同前）。神話的次元は、形式的かつ外在的なものにとどまるのである。プラトンの語るさまざまな神話が「見事」だとしても、つまり、思考の神話的「呈示＝現前化」（*Darstellung*）が「見事」だとしても、神話のほうが「表現の抽象的な様態」よりも「卓越している」（*vortrefflicher*）などと考えるのは誤りだろう。実際、プラトンが神話に訴えるのは、ただ「思考することの純粋な様態においてみずからを表現すること」の「不能性」（*Unvermögen*）の範囲においてのみである。のみならず、それは部分的なものでもある。というのも、プラトンは対話への導入部においてそうしているにすぎず、導入部というのはどれも決して純粋に哲学的なものではないからだ――ヘーゲルが導入部や序文一般について何を考えたかは知られている。事柄そのものに、すなわち肝心な主題に言い及ぶときには、プラトンはまったく別の仕方でみずからを表現する。たとえば、『パルメニデス』のことを考えてみよう。そこでは、思考の単純な諸規定が、イマージュや神話なしで済ませている。ヘーゲルの弁証法的図式は、ここでは神話的なもの、形象的なもの、あるいは象徴的なものにもまた関わっている。『パルメニデス』は「真面目」なものであり、神話に訴えることはまったく「真面目」ではないのである。今日依然として実にさまざまな評価を惹き起こしているように――それも、いわゆるアングロサクソン系の思想においてのみでなく——、真面目なものと真面目でないものとの対立措定は、ここでは、それとしての哲学とその遊戯-神話論的偏流との対立を覆い隠している。哲学的思考の価値は、つまり、その真面目さもまた、その内容の非神話的な性質によって測られるのである。ヘーゲルはここで、価値を、真面目さを、真面目さという価値を強調しており、アリストテレスこそがその保証人なのだ。というのも、「とはいえプラトンの価値は諸々の神話の中にあるわけではない」(*Der Wert Platons liegt aber nicht in den Mythen*、一〇九頁)と宣告した後で、ヘーゲルはアリストテレスを引用し、翻訳しているからである。この点に立ち止まるべきである。人は——この問題にじかに取り組む前に、通りすがりに想起しておこう——、さまざまな解釈の歴史の中で、『ティマイオス』についての、とりわけコーラに関するアリストテレスの解釈がどれほどの重みで影響を及ぼしているかを知っている。ヘーゲルは、『形而上学』をつぎのように翻訳し、したがってあるいはパラフレーズしているのである——「περι μὲν τῶν μυτικῶς σοφιζομένων οὐκ ἄξιον μετὰ σπουδῆς σκοπεῖν —— *Von denen, welche mythisch philosophieren, ist es nicht der Mühe wert, ernstlich zu handeln* ——神話を援用しながら哲学するような者たちは、真面目に扱う労力に値しない」。

ヘーゲルは二つの解釈のあいだで揺れ動いているようにみえる。一つの哲学テクストの中で、神話の機能は、あるときには、哲学的不能性のしるし、すなわち、それ自体としての概念に到達しそこにみずからを繋ぎとめることの不可能性のしるしであり、またあるときには、弁証法的なそしてとりわけ教育的な力の指標、すなわち、哲学素をあますところなく所有している真面目な哲学者による教育上の支配力となっている。同時にあるいは継起的に、ヘーゲルはプラトンにおいてこの不能性と支配力とを認めているようにみえる。この二つの評価がたがいに矛盾するのは、外見上のこと、あるいはある程度までのことにすぎない。両者はつぎの点を共通にそなえているのだ。すなわちそれは、言説の形式としての神話が、記号表現された概念の内容に、つまり、その本質において哲学的なものでしかあり得ない意味というものに、従属しているということである。しかも、哲学的テーマ、すなわち記号表現された概念は、その形式上の呈示作用――哲学的あるいは神話的な――がどのようなものであれ、つねに法の力、すなわち言説の支配力ないし王朝であり続ける。人はここに、われわれの問いの導きの糸が通っているのを見て取ることができる。すなわち、もしコーラが意味あるいは本質をもたないとすれば、つまり、コーラは哲学素ではなく、だがそれでいて、神話的タイプの架空の物語の対象でも形式でもないとすれば、この図式の中のいったいどこに、それを位置づければよいのか？

外見上は矛盾しており、深いところで一貫しているこのような論理的－哲学的評価は、プラトンには適用されない。そのような評価はすでに、ある種の「プラトニスム」に属しているのだ。ヘーゲルは、アリストテレスから発してプラトンを読んでいるのではないし、また、まるで、その意味が『ティマイオス』の著者にも理解できないままだったような一つの実践を解読するかのようにして、プラトンに隠れてプラトンを読んでいるわけではない。このような評価の一定のプログラムは、われわれがこれから確認するように、この著作の中にすでに読み取れるように思われる。だが、それはおそらく一つの留保を除いてのことであり、この代補的な留保は、件のプログラムに棲みつき、それを保護し、そしてそのことによって、そこから逸脱しているかも知れないのである。

何よりもまず、プログラムがある。『ティマイオス』の宇宙開闢説は、あらゆる事柄についての知の円環［cycle］を走破する。その百科全書的な［encyclopédique］目的は、存在するすべてのものに関して、ロゴスの終わりを、テロスをしるさねばならない――« καὶ δὴ καὶ τέλος περὶ τοῦ παντὸς νῦν ἤδη τὸν λόγον ἡμῖν φῶμεν ἔχειν »（「そして今や、われわれは〈世界〉についてのわれわれの言説の終わりに到達したと宣言しよう」）（92c）。この百科全書的ロゴスは全般的な存在論であり、あらゆるタイプの存在を取り扱っている。それは、神学、宇宙論、生理学、心理学、動物学を包含している。死すべきものあるいは不死なるもの、人間的なものと神的なもの、可視のものと不可視のものが、そこに位置づけられているのだ。結論としてそのことを想起しつつ、人は、可視的な生命体、たとえば感性的な神と、感性的な神がそのイマージュ（*eikôn*）であるところの叡智的な神とのあいだの区別を再び取り上げている。宇宙とは、可視的な生命体および感性的な神としての天空（*ouranos*）である。それは、その種族のうちで唯一にして無二のもの、「単生的」なものなのである。

しかしながら、この円環を半ばまで走破したところで、コーラについての言説は、感性的なものと叡智的なもののあいだで、一方にも他方にも属さず、したがって、感性的な神としての宇宙にも叡智的な神にも属さない、そんな一つの見たところ空虚な空間を――おそらくそれは空虚ではないにもかかわらず――開いてしまったということになるのではなかろうか？ それは、ぱっくり口を開けた一つの劈開を、深淵あるいは亀裂を名指したのではあるまいか？ 感性的なものと叡智的なもののあいだ、さらには身体と魂のあいだの分割が起こり、場所を占めることができるのは、この亀裂から発して、この亀裂「において」なのではなかろうか？ コーラと名づけられたこの亀裂を、深淵の口を開けてもいるあのカオスにあまりに性急に近づけぬようにしよう。擬人論的な形態と恐怖のパトスをそこへ投げ込むことは回避しよう。それはなにも、コーラの場所に一つの土台の安全性を設けるためではない。すなわち「〈ガイア〉が、その出現のときから、世界の起源以来、すべての被造物のために表象しているものの正確な対応物、つまり、〈カオス〉のぱっくり口を開けた底なしの劈開と対立するような永久に安定しており確実な土台[☆4]」を設けるためではない。われわれはのちに、ハイデガーによるコーラへの短い暗黙の言及に出会うことになるが、それは『ティマイオス』のコーラではなく、あらゆる引用とあらゆる明確なリファレンスの外で、プラトンにおける存在者と存在のあいだの場(*Ort*)[☆5]、両者のあいだの場の「差異」を指し示しているであろうようなそれである。

『ティマイオス』の存在論的－百科全書的な結論は、この書物の中央に開いた亀裂を覆い隠しているようにみえる。コーラについてのほとんど禁じられた言説のうっかり開いてしまった口を閉ざしつつ、その結論が覆い隠しているだろうものは、それゆえ、おそらくただ単に叡智的なものと感性的なものとのあいだ、存在と無とのあいだ、存在と少しも存在でないものとのあいだの深淵ではないだろうし、おそらく存在と存在者のあいだの深淵でも、さらにはロゴスとミュトスのあいだの深淵ですらないだろう。そうではなく、それは、これらすべての対（カップル）と、もはやそれらの他者ですらないようなある他なるものとのあいだの深淵であるだろう。

書物の中央に一つの亀裂がたしかに存在するとすれば、すなわち、コーラと言われもするこの底知れぬ亀裂について人がその「内部」で思考しあるいは語ろうと試みるような一種の深淵が、つまりは、すべてがその「内部」において同時に場所を占めかつみずからを省察＝反射しにやって来る（というのはそこに書き込まれているのはイマージュの数々であるからだ）ような一つの場の劈開がたしかに存在するとすれば、一つの深淵化＝入れ子化［*mise en abyme*］が言説構成の一定の秩序を決定しているということは、はたして取るに足りぬことだろうか？ そして、その深淵化＝入れ子化が、思考することあるいは語ることのこうした様態までをも決定しており、その様態が亀裂の縁（へり）の上で人が実践する様態に――同一であることなしに――似ているにちがいないということは、はたして取るに足りぬことだろうか？　この深淵化＝入れ子化が、諸々の場所についての言説の諸形式に影響を及ぼしているということ、とりわけ政治的な場所に、すなわち、さまざまな場（社会における地位、地域、領土、国）を言説の諸類型あるいは諸形式を割り当てられた場とみなすことによって制御された、場所の政治の全体に影響を及ぼしているということは、はたして取るに足りぬことなのだろうか？

II

政治の場、さまざまな場の政治である、コーラについての言説の深淵化＝入れ子化――こうしたものが、したがって、底なき重ね写しの構造であるだろう。

『ティマイオス』の冒頭で、都市国家の警護者と農民と職人について、労働と教育の区分について、議論がなされている。ここで問題になっているのは、形式的かつ外面的な構造の類同性であるとはいえ、ついでにそのことに注意をはらっておこう。すなわち、都市国家の警護者として育てられる者たちは、金であれ銀であれ、何も固有のもの（*idion*）として持つことはないのである。彼らは「自分たちの守っている人々から、その警護の報酬を受け取るだろう」（18b）。何も固有のものとしては持たないこと、それも、唯一比較し得る金ですら持たないこと――それは、この土地の状況、すなわちコーラの条件でもあるのではなかろうか？　たとえ人がそれを真面目に受け取る気がないとしても、このような問いは提起され得る。つまり、どんなに形式上のものであれ、この類同性にはほとんど異論の余地はない。そのことは同様に、このすぐ後に続いており（18c）、女性の教育や結婚、そしてとりわけ――およそ最も際立って強調されている――子供の共有に関わる指摘に関しても、言うことができる。生まれてくる子供たちを自分に固有の（*idia*）親族としては誰も認識したり識別したりできないようにすべく、あらゆる措置が講じられねばならないのである（18c-d）。出産（*paidopoiia*）において、あらゆる自然なあるいは正当な固有性の賦与は、都市国家の環境そのものによって排除されねばならない。このほんの少し前には、男性のためと女性のための類似の教育――彼（女）らは同じ活動領域と同じ職務に就くべく備えなければならない――が規定されていたという事実を考慮に入れるなら、人は、形式上の類同性の糸をさらに辿ることができる。それはすなわち、前述の、母へのコーラの「喩え」という類同性であり、そして――これは固有性剝奪［expropriation］の代補的しるしと言うべきだが――乳母へのコーラの「喩え」という類同性である。このような比喩は、主格的属格［génitif］の意味においても、あるいは目的格的属格の意味においても、コーラにいかなる固有性も保証してくれはしない——生みの母親［génitrice］の固有性［propriété］も（彼女は何も生まず、そもそもいかなる固有性もまったく持っていないのだ）、子供たちの固有性も、すなわち、やはりこちらも所有者［propriétaire］であるわけではない一人の父親の似姿たる子供たちの固有性も。前述の比喩の不適切性［impropriété］と言えば事は充分である。しかし、われわれはおそらくすでに、固有なるものの法（則）がもはやいかなる意味も持たないような一つの場にいるのである。まさに結婚に関する政治的戦略を検討してみよう。この戦略は、後でコーラについて言われること、すなわち、「穀粒」や「種子」をより分けあるいは選別するために揺すぶられる「篩」あるいは濾過器（*seiomena*, 52e, 53a）について言われることとの、深淵状＝入れ子状かつ類同的な反映性の関係をはっきり示している。つまり、最良のものという法が、ある種の偶然と交叉しているわけだ。ところで、『ティマイオス』の最初の数ページから、はっきりと政治的な言説において、子供たちが可能なかぎり最良の気質をそなえて生まれてくるように、さまざまな結婚の組み合わせを秘密裏に企むべく仕組まれた装置が記述されている。そして、それもまた籤引き（*kléros*, 18d-e）なしに行なわれるわけではないのである。

今から事を明確にしてゆこう。これらの洗練された巧妙な（あまりに巧妙だとある人々は考えるだろう）形式上の類同性ないし深淵化＝入れ子化を、われわれはここでは、形式上の構成に関する策略や大胆さや秘密だとは、第一には〔en premier lieu〕、見なさない。作家プラトンの技巧！　この技巧はわれわれの関心を惹くし、なおいっそう惹くべきものであるだろう。だが、まさしくここで、そして真っ先に、構成者の推定される意図からは独立して、われわれにとって重要なこと、それは、これらの類同性を生み出している強制力である。これらの類同性は、一つのプログラム、一つの論理を構成しており、その権限はプラトンに負わされたものだと言うべきなのだろうか？　そう、ただしそれは、ただある地点までだけのことであり、この限界は深淵そのものの中に姿を現わしている。すなわち、そのプログラムのプログラム－存在〔＝プログラムをプログラムたらしめているもの〕、その予備－記入の、そして類型－記述的な処方の構造は、コーラについての入れ子状＝深淵状の言説の明示的なテーマを形づくっている。コーラこそは、みずからを刻印するありとあらゆるものの記入の場を象るものなのだ。同様に、論理の論理－存在、その本質的ロゴスは、それが真実〔vrai〕であれいかにもありそうなもの〔vraisemblable〕であれ神話的なものであれ、『ティマイオス』の明示的主題を形づくっているのであり、われわれとしては、そのことをさらに明確化する必要があるだろう。したがって人は、このような構成の法をプラトンに書き取らせている形式を、平然と、無造作に、プログラムあるいは論理と呼ぶことはできない。なぜなら、プログラムと論理は、そこでは、たとえ夢の中においてであれ、そして深淵＝入れ子状においてであれ、そのようなものとして把握されているのだから。

慎重さを欠いたものと映るかも知れないさまざまな類同性に関するこのような用心を払ったうえで、これらの転位、それも「同じ」場「における」一つの場からもう一つの場への転位を同時に集約しかつ正当化するおよそ最も一般的な特徴に注意を喚起しておこう。それは、指摘するには明白であり、あまりに明白でさえある。そして、その一般性は、いわばそれ自体以外の限界を持たない。それこそはまさしく、*genos* という一般性、すなわち、あらゆるジェンダー（ジャンル）における種類（ジャンル）、性的差異、子供たちの世代、存在のさまざまな類（ジャンル）、そしてコーラというあの *triton genos*〔第三のジャンル〕という一般性である（感性的でもなく叡智的でもなく、母あるいは乳母「のような」等々）。われわれは、今しもこれらのジャンルのジャンルのすべてに暗に言及したところだが、人種[☆6]、民衆、集団、共同体、生まれの類縁性、国民等々としての *genos* についてはいまだ語ってこなかった。今やそうすべきときである。

『ティマイオス』のまだ冒頭の部分で、以前の会話が、すなわち、*politeia*〔政体＝国政〕とその最良の統治についてのソクラテスの言説（*logos*）が想起されている。ソクラテスはその言説を要約してみせるが、そこにあるのは、われわれが先ほど語った諸々のテーマである。その途中、彼は、子供たちに割り当てられる場所を指し示すためにコーラという語を使う（19a）。必要なのは、「善い者たちの子供たち」を育てること、他の子供たちは密かに別の地方へ移送すること、彼らを引き続き観察下に置き、新たな篩にかける操作をして各人をその場所（*khôran*）に割り振ることなのである。この想起の後で、ソクラテスは自分にはこの都市国家とその人々を称賛することができないと言う。この点において、彼は自分を詩人たちそして模倣する者たちと比較可能だと感じているのである。そしてここには、*genos*〔類〕あるいは *ethnos*〔種族〕がある。ソクラテスは、詩人という人々ないし人種ないし輩（*poiêtikon genos*）に対して、自分はなんら含むところはないと言う。しかし、誕生の場と境遇と同時に教育を考慮するなら、模倣する者たちという国民ないし人種（*mimêtikon ethnos*）は、みずからがそれに対して異質なままだったところのものを、すなわち、見世物あるいは模像としてよりもむしろ行動や言葉（*ergois, logois*）として展開されるものを模倣するのに困難を覚えるだろう。またソフィストたちという種類ないし輩（*tôn sophistôn genos*）もいる。ソクラテスはここでもまた、状況を、場との関係を特権化している。ソフィストたちという種類は、固有の場の不在、家政（エコノミー）の、定まった住居の不在によって特徴づけられる。この人々は召使を持たず、いかなるみずからに固有の家（*oikêseis idias*）も持たない。彼らは場から場へ、町から町へとさまよい歩く――哲学者や政治家といった、あれら場を持っている人間、つまり、都市国家において、あるいは戦争の際に、身振りや言葉によって行動する人間のことを理解できずに。*Poiêtikon genos*〔詩人たちという輩〕、*mimêtikon ethnos*〔模倣する者たちの種族〕、*tôn sophistôn genos*〔ソフィストの類〕――この列挙の後に、いったい何が残っているのか？　まさしくあなたがた、今このとき私が語りかけている人、やはり一

つの *genos* であり（19e）、本性からしてそして教育によって場を持っている人々のジャンルに属する人である。あなたがたは、したがって、同時に哲学者でありかつ政治家なのである。

ソクラテスのこの戦略はそれ自体、一種の非-場から発して作用しており、そのことが、この戦略をして、人を逆上させるとまでは言えないにしても、当惑させるものにしているのである。自分が、まるでいささか詩人たちや模倣する者たちやソフィストたちのように、哲学者-政治家たちの姿を描写することができないと宣言することから始めて、ソクラテスは、何かのふりをする者たちの同類のうちにみずからが数えられるふりをする。彼は、その *genos* が何かを装うことに存する人々の *genos* に属することを装っているのである。すなわち、一つの場と一つの共同体への帰属、たとえば、本物の市民や哲学者や政治家からなる *genos* への、つまりは「あなたがたの仲間」への帰属を偽装することに存する人々の。ソクラテスは、したがって、場を持ち、固有の場と家政を持っている人々のジャンルに属するふりをする人々のジャンルに属するふりをしているのである。しかし、そう言いつつも、ソクラテスは、みずからが属するふりをしているこの *genos* を告発する。彼は自分こそが、みずからの主題について真実を告げていると主張するのである。実際には、この人々は場を持っていない、彼らはさまよい人なのである、と。したがって、彼らに似ているこの私は、場を持っていない。この私は、いずれにせよ、彼らに似ており、私には場＝理由がない。だが、私が彼らに似ており［semblable］あ

るいはそっくり [ressemblant] であるということ――そのことは、私が彼らの同類 [semblable] であることを意味しているわけではない。しかし、この真実、すなわち、彼らと私が同じ *genos* に属しているとすれば、われわれには固有の場がないということ、そのことを私ははっきり述べる――というのも、本物のロゴスの側、哲学と政治学の側にいるあなたがたのものである、あなたがたの場から発して、そのことは真実なのだから。私はあなたがたの場所から発してあなたがたに語りかける――類似からみずからの職業を作り出している人々、すなわち、詩人たちや模倣する者たちやソフィストたち、つまりは場所を持たない類の人々に私がそっくりである以上、私には場所がないということをあなたがたに告げるために。ただあなたがただけに場＝理由があり、場と非－場とを本当に同時に告げることができるのであって、だからこそ、私はあなたがたに発言権を渡すのだ。実際に、発言権をあなたがたに与えること、あるいはあなたがたに譲ること。他者に発言権を渡すこと、譲ること、与えること。それはつぎのように言っているのと同じことだ――あなたがたには場＝理由がある、場を持ちなさい、さあ始めるのだ、と。

このような自己－排除の二心(ふたごころ)、このような撤退の模像は、政治の場としての、そして住まいの場としての固有の場への帰属に賭けている。ただこのような場への帰属だけがロゴスの真実を正当化してくれる。つまり、このコンテクストにおいてソクラテスが規則的にロゴスに結びつけているその政治的実効性、そのプラグマティックな、実践的な有効性をもまた正当化してくれるのである。一つの固有の場へのある *genos* の帰属こそが、そのロゴス（事柄そのものへの、案件への、*pragma*〔問題＝事態〕への言説の実効性のある関係）の、そしてその行為（*praxis, ergon*）の真実を保証するのだ。非‐場と模像の専門家たち（ソクラテスはその際みずからがそのうちに数えられるふりをしている）は、*pharmakoi*〔呪術師たち〕のように、都市国家から排除される必要すらない。彼らは、発言権を渡すことによってソクラテスがここでそうしているように、自分自身でみずからを排除するのである。彼らは自分自身でみずからを排除する、あるいは同じくらいうまくそうするふりをする——なぜなら、彼らはただ単に場所を持っていないからである。さまざまな案件について、すなわち *agora*〔広場＝集会〕について人々が語り、それを取り扱う政治的な場の内部には、彼らのための場所はないのである。

その名がすでに口にされているにもかかわらず（19a）、一般的な場ないし全体的な受容体（*pandekhês*）としてのコーラの問いは、なるほど、いまだ提起されてはいない。しかし、それとして提起されていないとしても、この問いはすでに合図を送り、ねらいを定めている。主調音は与えられているのだ。というのも、一方において、この語の秩序化された多義性は、抽象的な空間に対置された、政治的な場あるいはより一般的には備給された場という意味をつねに伴っているからである。コーラはつぎのことを「言わんとしている」。すなわち、誰かによって占有された場所、国、住まわれた場、しるしづけられた所在地、順位、地位、割り当てられた位置、領土あるいは地方だ。そして事実、コーラは、一般的な場としてでさえ、そして、みずからのうちに場所を占めるすべてのものから区別されるにもかかわらず、つねにすでに占有され、備給されることになるだろう。そこから生じてくるのが、コーラを、空虚なあるいは幾何学的な空間として、さらには――これはハイデガーがコーラについてやがて言うことだが――デカルト的空間を、すなわち *res extensa*〔延長するもの〕の *extensio*〔延長〕を「準備する」ものとして取り扱うことの困難である。だが、他方において、この明確な場において、そしてこのしるしづけられた場のうえで、ソクラテスの言説は――ソクラテス流の言説ではないにしても――、彷徨から発して、可動的なあるいはしるしづけられていない場所から発して、いずれにせよ、そのうえ中性化されている排除の空間から発して、事を行なう、あるいは事を行なうふりをする。なぜ中性化されるのか？　ソクラテスが、そのジャンルが場を持たないことにあるような人々のうちに数えられるふりをするとしても、彼はその人々に同化しはせず、彼は自分が彼らに似ているのだと言うのである。したがって、彼は、第三のジャンルのうちにいることになる――いわば、ソフィストたちや詩人たちやその他の模倣する者たちのジャンル（彼はそれを話題にしている）でもなく、哲学者－政治家のジャンル（ただ耳を傾けるつもりだと申し出ながらそれにむけて彼は語りかけている）でもなく。彼の言葉は、その宛先［adresse］でもなく、その言葉が届ける［adresse］ものでもない。それは、第三のジャンルのうちに、それも、場なき場の中性的空間、すなわち、すべてがそこにおいてはしるしづけられるが、「それ自体においては」しるしづけられることはあるまい、そんな一つの場のうちに生起するのである。この場はすでに、他の者たちが、まさしく彼が発言権を与える者たち自身が、もっと後でコーラと呼ぶことになるものに似てはいないだろうか？ これは単なる類似だ、おそらくは。ただソフィストのジャンルのある言説だけが、それを濫用する厚かましさをそなえることになるだろう。だが、ある類似を濫用すること、それはその類似を一つの同一性として呈示することなのではなかろうか、つまりは、同化することなのではなかろうか？ 人はまた、そのようなものとしての類似の諸根拠に問いかけることもできる。

われわれは前置きの中、『ティマイオス』の前置きについてのわれわれの前置きの中にいる。序文の中には真面目な哲学はなく、せいぜいいくばくかの神話学があるだけである――ヘーゲルはそう言っていた。

これらの前置きの中には、コーラの問い、少なくとも、宇宙（コスモス）の尺度に場を与えるようなそれは、いまだ存在しない。しかしながら、ある特異な様態で、前置きの場所そのものが、閾のうえで、場所の取り扱いに、すなわち、ずっと先になってこの問いを取り扱うべく導かれることになる対話者たちへの場所の割り当てに、場所を譲っている。そして、この場所の割り当ては、一つのクライテリアに従っている。固有の場に対するgenosの場所というクライテリアがそれである。ところで、このような演出を、まさにこの考慮＝計算を、人はこれまで一度も――そう思われるのだが――考慮に入れてこなかった。この演出は、さまざまなしるしづけられた場としるしづけられていない場とを配分しているのだが、それは、もっと先のところでコーラについての言説を秩序化することになる図式と類同的な図式にしたがってのことである。ソクラテスはみずからを消去する。彼は、みずからのうちで、あらゆるタイプ、あらゆるジャンルを消去する。すなわち、少しのあいだ自分が似ているふりをするイマージュや模像の人間たちのそれと同時に、自分がみずからを彼らの前で消去しつつ語りかけるところの行動の人間たちや言葉の人間たち、哲学者たちや政治家たちのそれを。だが、そのようにしてみずからを消去しつつ、彼は、受け取りやすい名宛人として、いわば、これ以後書き込まれることになるすべてのものの受容体として、みずからを位置づけあるいは自任する。彼の言葉は、その出来事そのものにおいて、それが与える以上に、受け取るのだ。彼は、自分にはそのための用意ができており備えがある、つまり、人々が彼に提供してくれるだろうすべてのことを受け取るつもりだ、と言う。kosmos〔宇宙＝秩序〕そしてendekhomenon〔(可能なかぎり)受け容れる〕という語はここからあまり遠くない――πάρειμί τε οὖν δὴ κεκοσμημένος ἐπ᾽ αὐτὰ καὶ πάντων ἑτοιμότατος ὢν δέχεσθαι――「私は、それを受け容れる用意をすっかり整えて、そしてあなたがたが私に提供してくれるものすべてを受け取るための熱意に満ちてここに来ています」(20c)。もう一度問いが立ち戻ってくる——受け取るとはいったい何を言わんとしているのか? *dekhomai* とはいったい何を言わんとしているのか? ここで問題なのは、「何を言わんとしているのか?」という形式をしたこの問いとともに、これこれの表現の意味について省察することよりも、むしろ膨大な困難をそなえた襞を指摘することである。すなわち、意味あるいは感性的なものの問いと受容性一般の問いとのあいだの、かくも古く、かくも伝統的で、かくも決定的な関係を指摘することである。カント的契機がここではなんらかの特権を持っているが、*intuitus derivatius*〔派生的直観〕あるいは純粋な感受性が受容性として規定される以前に、叡智的意味への直観的ないし知覚的関係は、有限な存在一般において、つねにある還元不可能な受容性を内包してきた。いわんや、感性的な直観ないし知覚にとってこのことは真実である。*Dekhomai*〔受け取ること〕、それは、みずからではないがみずからが受け取るすべてのものへのコーラ(それは *pandekhês*〔全体的な受容体〕である。51a) の関係を規定することになるものだが、あらゆる種類の意味とコノテーションのうえで戯れている。受け取ることあるいは受け容れること(預金を、給料を、贈り物を)、迎え入れること、寄せ集めること、さらには待つこと、たとえば歓待の贈与を、その名宛人となること——ちょうどここでのソクラテスにとってのケースのように、ある贈与と対抗-贈与の情景の中で。問題となっているのは、さまざまな言説の贈与あるいは歓待を返すこと（*antapodidômi*）である。ソクラテスは、みずからがその迎え入れ、受容し、感謝する名宛人となるさまざまな言説を、引き換えに受け取る用意が自分にはあると言う（20b-c）。われわれは、依然としてある贈与と負債のシステムの内部にいるのである。われわれがやがて *pandekhês* としてのコーラに取り組むとき、あらゆる擬人論の彼方で、われわれはおそらく、ある負債の彼方を垣間見ることになるだろう。

ソクラテスはコーラではないが、もしそれが誰かあるいは何ものかであったならば、彼はそれに大いに似ていることになるだろう。いずれにせよ、彼はみずからの場所に身を置く——それは他にも数ある場所のうちの一つではなく、おそらく、場所そのもの、置き換え不可能な場所 [irremplaçable place] である。これは、置き換え不可能で定位不可能な [implaçable] 場所であり、そこから発して、彼はみずからをその目の前で消去してみせる人々の言葉を受け取るのだが、この人々もまた彼から言葉を受け取る——というのも彼こそがこの人々に語らせているのだから。そして、われわれもまただ——容赦なく [implacablement]。

この見出しがたい場所——ソクラテスはその場所を占有してはいないが、それは、そこから発してこそ、『ティマイオス』やその他のところで、彼がみずからの名に応答している、そんな場所なのだ。というのも、コーラと同様に、「彼を同じ仕方で呼ぶ」必要がつねにあるからである。そして、ソクラテス自身が、この男が、誰かあるいは何かであるということは確かでないのであってみれば、固有名の戯れはかつてないほど底知れぬものとなる。場とはいったい何か？　彼はいったい何に、そしていったい誰に場を与えているのか？　これらの名のもとで、いったい何が起きている〔＝場を持っている〕のか？　おまえはいったい誰なのか、コーラよ？

III

これらの変換、置換、転位は、ただ単に諸々の名のみに関わっているわけではない。演出は、物語タイプの言説の数々——たがいに関係づけられたものであれ、そうでないものであれ——の埋め込みにしたがって展開されており、その起源ないし最初の言表は、それが姿を現わすまさにその場所において姿を消すように見えるので、つねに中継ぎ＝交代されているように思われる。それらの神話的次元は時としてそれとして晒け出されており、深淵＝入れ子化はそこにおいて際限なく省察されるべく差し出されている。いったいどこから、いったいどんな縁のうえで、いったいどんな隔壁の表面において、時として眩暈の感覚が襲って来るのか、人にはもう分からない――これこそカオス、亀裂、コーラである。

これらが明示的に神話に関わるとき、『ティマイオス』のさまざまな命題はすべて、ある二重のモティーフにしたがって秩序づけられているようにみえる。その二心そのものにおいて、この二重のモティーフは、われわれが先ほどプラトンからヘーゲルに至るまでそれが設定されるのを見てきたように、神話素から哲学素を構成することになるだろう。

一、一方において、神話は戯れに属している。したがって、それは真面目に受け取られることはないだろう。プラトンは、それゆえアリストテレスに警告を発している。彼は、アリストテレスによる真面目な反論に先回りし、哲学的真面目さの名において、戯れ／真面目なもの (*paidia* / *spoudé*) という対立措定の同一の使い方をするのである。

二、だが、他方において、生成の領界において、堅固で安定したロゴスを人が要求できないとき、すなわち、人がいかにもありそうなことで満足しなければならないとき、神話こそがぜひとも必要 [de rigueur] となる。それは厳密さ [la rigueur] を、それも、唯一の可能な厳密さを構成するのである。

この二つのモティーフは、必然的に絡まり合っており、このことが、戯れにその真面目さを与え、真面目さにその戯れを与えているのである。人がただ単にいかにもありそうなことだけを求めるときには、さまざまな物体に関して論ずること（*dialogisasthai*, 59c）は禁じられておらず、困難ですらない。人はその際、さまざまないかにもありそうな神話（*tôn eikotôn mythôn*）の形態（*idean*）で満足するかも知れない。これらの再創造の瞬間においては、人は永遠の諸存在に関する論証を放棄して、生成に関するいかにもありそうなことを求めるのである。人はその際、そこに呵責の念なきある快楽（*hèdonèn*）を感じ、控えめにそして分別をもって戯れ（ゲーム）（*paidian*, 59d）を楽しむことができる。『ティマイオス』はこのタイプのさまざまな命題を増殖させている。神話的言説は、感性的世界それ自体がイマージュに属しているがゆえに、いかにもありそうなイマージュと戯れる。感性的生成とは、一つのイマージュであり、似たものであり、そして神話とはこのイマージュのイマージュなのである。デミウルゴスは、みずからの打ち眺める永遠なる模範（パラデイグマ）のイマージュにしたがって宇宙（コスモス）を形づくった。これらのイマージュに、すなわち、これらのイコン的存在に関係するロゴスは、同一の本性をそなえていなければならない。つまりは、ただ単に、いかにもありそうだということを（29b-c-d）。この領域においてわれわれは「いかにもありそうな神話」（*ton eikota mython*）を受け容れる必要があるのであって、それ以上のものを求めてはならないのである（29d また 44d, 48d, 57d, 72d-e をも参照）。

『ティマイオス』という宇宙－存在論的百科事典が、一つの「いかにもありそうな神話」として、すなわち、感性的なるものと叡智的なるものとの、生成状態にあるイマージュと永遠の存在との階層秩序化された対立措定にしたがって秩序づけられた一つの物語として呈示されているとすれば、コーラについての言説を、いったいどうやってそこに書き込めば、いったいどうやってそこに位置づければよいのか？　その言説は、たしかにあるとき書き込まれてはいるが、それはまた、ある書き込みの場に関わってもいる――そもそも非－論理的で非－時系列的で時間錯誤的でもあるようなある領界において、それとしての神話－論理なるもの、すなわち神話的言説と、神話についての言説との基本的な対立措定を、超え出るあるいはそれに先行するということがはっきりと言われている、そんな書き込みの場に。一方において、夢幻的で私生児的な推論に似ていることによって、この言説は、一種の神話の内部の神話、神話一般の内部に口を開けたある深淵について考えさせる。だが、他方、感性的存在にも叡智的存在にも、生成にも永遠にも属さないものを考えるべく差し出しているのであってみれば、コーラについての言説はもはや存在についての言説ではない。すなわち、それは真実でもいかにもありそうでもなく、したがって、神話に対して、少なくとも神話－論理に対して、つまりは、神話をその哲学的テロスにしたがって秩序づけるあの哲学－神話素に対して異質であると映るのである。

深淵は、コーラという一般的テーマがその名を受け取るその瞬間に、書物のちょうど真ん中に、突然口を開けるわけではない。すべてはあたかも——そしてこのあたかもこそがここでのわれわれにとって重要なのだが——、この深淵の破砕が、前もってその模像と深淵＝入れ子化の数々を、すなわち、たがいの中に埋め込まれた一連の神話的フィクションを準備し増殖させながら、密かに埋もれた仕方で告げ知らされているかのように起きているのだ。

何よりもまず、『ティマイオス』の演出における、早くも冒頭から見られる、マルクスが「エジプト・モデル」[☆7]と呼んでいるものを検討しよう。いくつかのモティーフ——それは原型形態論的 [*typomorphiques*] なものと名づけることができよう——が、*ekmageion* についての、すなわち、あの刻印台、つねに刻印を受け取る用意ができているあの素材、あるいはさらに刻印および印影そのもの、刻まれた浮き彫り（*ektupôma*）についてのシークエンスをそこでは先取りしており、そこにはコーラという謎へ接近するためのこんなにもたくさんの言い回し＝秘訣 [tours] がある。

第一の場合——子供のために書くこと。われわれが後で分析するつもりの一連のフィクションの中継によって運ばれてわれわれのもとに届いているように、エジプトの年老いた神官の言葉は、何よりもまずエクリチュールを引き合いに出している。彼は、端的に、エクリチュールを神話に対置するのだ。あなたがたギリシア人は——と神官はソロンに言う——まるで子供のようだ、というのも、あなたがたは書き記された伝統を持っていないからである。天変地異の後では、あなたがたはすべてを再び発明しなければならない。われわれのもと、エジプトでは、およそ最も古い時代（*ek palaiou*）から、すべてが書き記されており（*panta gegrammena*）（23a）、しかも、あなたがたギリシア人のものである、あなたがた自身の歴史さえもが書き記されている。あなたがたの現在の都市国家がどこに由来するものなのか、あなたがたは知らない。というのも、相次ぐカタストロフを生き延びてゆく者たちも、書いたものによってみずからを表現することができないまま死んでしまうからである（23c）。書かれた古文書を奪われて、あなたがたはその系譜学においてさまざまな「子供じみた神話」（23b）に訴えるのだ。あなたがたはエクリチュールを持っておらず、あなたがたは神話を必要としているのである。

この交換は、なんらかの形式上のパラドックスなしに成立するわけではない。みずからの起源の神話と同様に、一つの都市国家の記憶は、ただ単にエクリチュールに託されるだけでなく、他者のエクリチュールに、すなわち、もう一つの都市国家の書記に託されることになるのである。その記憶は、みずからを救うためにこうして二度にわたって他化＝変質［*s'altérer*］しなければならないのであり、それはまさしく救済の問題、さまざまな寺院の壁に書き記すことによって一つの記憶を救うこと（23a）の問題なのである。生きた記憶が、もう一つの都市国家そしてもう一つの政治空間という、もう一つの場の筆記された遺跡の中に追放されねばならないのだ。しかし、エジプト人の技術－筆記上の優位は、それでもなおギリシア的ロゴスに従属し、それに奉仕している。あなたがたギリシア人は、「神々の子供にして弟子にふさわしく、あらゆる美質においてすべての人間に優っていたのです。あなたがたの偉業やあなたがたの都市国家の偉業は夥しく、また偉大なものでした。それらはここに書かれてあり（*gegrammena*）、賛嘆の的となっております」（24d）。一つの民衆の記憶が臨検され、別の民衆によって、さらには別の文化によって自己固有化されるにまかせる――これは、植民地化の歴史としての諸文化の歴史において、よく知られた現象ではある。だが、この事実はここでは、きわめて意味深いように見える。記憶が預けられる。すなわち、少なくともここではみずからの賛嘆と依存と従属を表明している一つの民衆の岸辺に、記憶が預り物として託されているのである。エジプト人は、ギリシアの主人の文化を自己固有化したことになるだろうが、このギリシアの主人はと言えば、今やこの外的想起（ヒュポムネーシス）に、この書記のエクリチュールに、これらの記念建造物に依存しているのである。トートあるいはヘルメスだ――お望みしだいで。というのも、この神官――あるいはエジプト人の通訳――の言説は、ギリシア人のために、ギリシア語で言われギリシア語へと翻訳されているからである。この主人と奴隷の弁証法に**ついての**〔＝**の上位の**〕、そしてこの二つの記憶についての言説をいったい誰が手にしているのか、いつか分かるときが来るだろうか？

第二の場合——幼年期を受け取り、恒久化すること。クリティアスが報告しているのは、したがって、ソロンの語り［récit］であり、この語りはそれ自体、まさしく、アテナイの人々の記憶における神話論的機能に関してあるエジプトの神官がソロンに告げた語りを報告するものである。さらにいっそう正確にはこうだ——クリティアスが反復しているのは、彼がその前日にすでに告げていた語りであり、その途中で彼は、自分の曾祖父のクリティアスとソロンとのあいだの対話を報告していた。これは、子供の頃、彼自身が曾祖父のクリティアスからその話を聞かされていた対話であり、この曾祖父クリティアスはと言えば、ソロンから、この男がエジプトで老いたる神官と交わした対話の話を聞かされていたのだが、この神官がソロンに結局のところ説明していたのは、いったいなぜ、すべてのギリシア人たちが口頭の報告に身をゆだねているのか、つまりは、彼らからエクリチュールを奪いつつ、彼らを永遠の幼年期に運命づけてしまった、そんな口頭の伝統に身をゆだねているのかということなのである！　ここには、したがって、さまざまな口頭の報告の報告が、口頭の伝統の連鎖があり、この伝統によってこそ、それに従属している者たちが、自分たちが口承性へと運命づけられているのはなぜなのかということを、エクリチュールの国からやって来た一人の他者がいったいどうして口頭で自分たちにむけて説明できるのかを、納得するのである。したがってここには、こんなにも多くのギリシアの子供たちが、すなわち、たがいのあいだで、だが、同時に異邦人でありかつ共犯者であり、優位にして劣位である、そんな一人の他者の媒介のおかげで、口頭の報告の神話的詩学を省察する祖先たち、息子たちと孫たちがいることになる。しかし、もう一度言えば、このことは、われわれをして忘れさせはしないだろう（なぜならそのことは書かれているのだから！）——そうしたすべてが書かれているのは、すべてを受け取るこの場において、この場合、すなわち『ティマイオス』においてであり、そうしたすべては、この場においては、われわれと同様に、われわれ以前に、この受け取りの理論においてすべてを受け取る者、すなわちソクラテスに宛てられているということを。

これらの語りの語りの最後、すなわち、いったい誰が決定的に言説を手にしており、いったい誰が言葉を発しており、いったい誰が言葉を受け取っているのかを人が自問するほどたがいに書き込まれ合ったこれらの報告の後で、若きクリティアスは、こうしたすべてを自分がどうして覚えているかを物語る。これは、語りの可能性についての語り、起源、幼年期、記憶、そしてエクリチュールについての発言である。最も頻繁にそうしているように、私は流通している翻訳（ここではビュデ版、リヴォーの翻訳）を、われわれの文脈がそうすることを要請する場合にかぎり、変更を加えギリシア語の単語を併記して引用することにする——

そんなわけで、昨日ヘルモクラテスが言ったように、ここから出るとすぐに、私は自分が覚えていることを彼らに語り伝えたのですし、ついで、彼らと別れた後、昨夜そのことを考えて、私は残りのほとんどすべてを思い出したのです。だから、人が言うように（τὸ λεγόμενον）、われわれが幼年期に学んだこと（τὰ παίδων μαθήματα）は驚くべき仕方で記憶に残っているのですね（θαυμαστὸν ἔχει τι μνημεῖον）。私にとっては実際、昨日耳にしたすべてのことの思い出をふたたび見出すことができるかどうか、自分では分かりません。しかし、ずっと昔に聞いたことなら、もしそのうちの何かが私から零れ落ちてしまったとしたら、それこそ驚きでしょう（θαυμάσαιμ'）。私は、当時、それを聞くことに大きな喜びを、子供じみた楽しみを感じていましたし、私が絶えず質問し続けるのに、老人のほうではあんなにも喜んで私に教えてくれたものでした。だから、この物語は私のうちにとどまっているのです、まるでそれが、蠟のうえに、消すことのできない文字で描かれているかのように（ὥστε οἷον ἐγκαύματα ἀνεκπλύτου γραφῆς ἔμμονά μοι γέγονεν）。

(26b-c)

いわゆる自然の、自発的で、生き生きした記憶の空間においてなら、起源的なるものはもっとうまく保存されるだろう。幼年期は、さまざまな中間的時間よりも、長持ちする仕方でこの蠟の中に書き込まれるだろう。消去は、空間にとってと同時に時間にとっても、真ん中＝中間

の場 [*mi-lieu*] というカテゴリーを表わすことになるだろう。消去が作用するのは、第二のあるいは二次的な、平均的なあるいは媒介的な印象の数々にのみだろう。ひとたび処女なる＝まっさらな [vierge] 蠟の中に打ち込まれた起源の印象＝圧痕 [impression] こそは、消去できないものとなるだろう。

ところで、ある処女なる＝まっさらな蠟とは、いったい何を再現＝表象しているのか——つねにまっさらで、あらゆる可能な印象＝圧痕に絶対的に先立ち、非時間的なものであるがゆえに、受け取るそれ＝彼女において形をなすべくそれ＝彼女に作用してくるものすべてよりもつねに年老いており、かつ、同じ理由によって、つねにより若く、〔スペインの〕王女的ですらあり、非時系列的かつ時間錯誤的で、あまりに無限定なために蠟という名と形態を容認しさえしない、そんな処女なる＝まっさらな蠟とは？　コーラを再び名指す場＝理由が生じるときまで、この問いを宙吊りにしておこう。だが、この図式とさまざまな語りの内容そのものとの相同性をすでにここで明らかにしておく必要があったのだ。実際、語りの内容の一つひとつ——奇想天外な、虚構の、伝説的あるいは神話的なものだが、そのことはさしあたり重要ではない——が、今度は、もう一つの語りの容れ物となっているのである。語りの一つひとつは、したがって、もう一つの語りの受容体なのである。あるのはただ、語りの受容体の受容体の数々だけなのだ。受容体、迎え入れないし収容の場 (*hypodokhè*) ——これこそが、コーラの最も執拗な

（すでに明白な理由の数々によって、本質的なとは言うまい）規定であるということを忘れずにいよう。

だが、コーラが一つの受容体だとしても、すなわち、それが、存在論的あるいは神話的なあらゆる物語——人はその物語を、コーラが受け取っているものに関して、そしてコーラが似ており、だが実際にはコーラのうちに場所を占めているものに関してすら、語り聞かせることができる——に場を与えているとしても、コーラそれ自体は、こう言ってよければ、真実のものと見なされるにせよ、奇想天外なものと見なされるにせよ、いかなる語りの対象ともならないのだ。その主体にとってついに計り知れないものにとどまる一つの秘密なき秘密。真実のロゴスであることなく、コーラについての言葉は、いかにもありそうな神話や、人が語り伝え、今度はもう一つの物語［histoire］がその中に場所を占めることになる、そんな物語ではなおのことないのである。

事柄をより概括的に捉え直してみよう。『ティマイオス』と題された対話の書かれた総体であるこのフィクションにおいて、真っ先に語られているのは、「前の日」（*khthes*, 17a）に場を持ったらしい一つの対話である。この第二のフィクション（F２）は一つの内容を、すなわち、ある語りの様態＝叙法にもとづいて描写されている一つの理想的都市国家の虚構のモデル

(17c) をそなえている。ある包含構造が、包含されたフィクションから、前のフィクションのいわばテーマを作り出しており、このテーマがその前のフィクションの包含する形式、可能な容れ物、つまりは受容体となっているのである。われわれは注意を払っておいたが、全般的な名宛人と見なされ、すべてを聞くことができ、したがってすべてを受け取ることができる（まさにここでのわれわれのように）ソクラテスは、その際、この神話詩学的連鎖を断ち切るふりをする。だが、それはこの連鎖をさらに激しく活性化するためなのである――

それでは、さらにつぎに、われわれが描写したこの国家（*politeia*）についてだが、私がそれに対していったいどんな種類の感情を抱いたかを知ってくれたまえ……。この印象は、人がつぎのようなときに強く感じるだろう印象に似ているのだ。すなわち、絵画に描かれたものであれ（*hypo graphès*）、現実に生きているのだがじっと休んでいるものであれ、立派な動物たち（*zôa kala*）をどこかで見たせいで、彼らが自分自身で動き出し、彼らの体にふさわしく見える運動のうちのいくつかを実際にするのを目にしたいという欲望を覚えるときに強く感じる印象にね。それこそが、その計画をわれわれがざっと見渡した国家に対して、私もまた強く感じたことなのだ。私は語り聞かせてもらいたいと思うのだ――一つの国家が支援するあれらの戦い、一つの国家もまた、他の諸国家に対してあれらの戦い

> を果敢に挑む様子を。国家が、戦闘へとしかるべく突き進む様子や、戦争のさなかに、その作戦行動においてであれ、他の諸国家のそれぞれに対する交渉においてであれ、市民たちにほどこされた訓練や教育にみずからが値することを示す様子をね。 (19b-c)

ここにあるのは、ソクラテスの、すなわち、すべてを受け取る者の欲望だ――またしても。生命を与えること、一つの *graphé*〔書かれたもの〕に生命と運動を与えるのを見ること、一つの動物図像誌［zoographie］に、換言するなら、絵画的表象に、つまりは生きたものの死んだ描写［description］ないし書き込み［inscription］に、生気が吹き込まれるのを見ること。生命を与えること――だが、それはまた戦争でもある。したがって死でも。この欲望は政治的なものでもある。政治的なもののこのような表象にいかにして生気を吹き込めばよいのか？ *politeia* の死んだ表象をいかにして動かせば、つまり、歩かせればよいのか？ それは、その都市国家が、他のさまざまな都市国家との関係にあることを示すことによってである。人はこうして、言葉によって、言説的絵画によって、一つの国家が自己の外へ出る運動を記述することになるだろう。第二の図像的［graphique］フィクションのおかげで、人は第一の *graphé* から外へ出ることになるのである。この第一の *graphé* は、それが、都市国家をそれ自体において、それ自体の内部において、それ自身の内部性との和平のうちに、つまりは、その飼い馴らされた＝国内のエコノミーにおいて描写するかぎりにおいて、第二のものに比べて死んだようであり、生き生きしたところの少ないものであった。戦争の可能性こそが、理想的都市国家の図像的イマージュ——描写——を出現させるのだ——生きて動く現実的なものの中にではまだないが、しかし、一つのより良いイマージュの中、この生きて動く現実的なものの生き生きしたイマージュの中で、戦争という試練に晒された内部の機能を明示しながら。この語のあらゆる意味において、戦争とは、都市国家の決定的露出なのである。[☆8]

この図像的幻覚から最後には外へ出て、動いている事物そのもののイマージュを見ることを人々に要求するとき、ソクラテスは、告発することなしに、詩人たちとソフィストたちを指名する。定義上、彼らは、模像（シミュラクル）から、あるいは模倣的幻覚から外へ出て政治的現実を描写することができない。逆説的なことに、これらの *mimêtikon ethnos*〔模倣する者たちの種族〕の、*tôn sophistôn genos*〔ソフィストの類〕の、あるいは *poiêtikon genos*〔詩人たちという輩〕の構成員が無力なままであり、外で、まさしく戦争という試練によって評価されるものとしての政治的現実を語ることができないままであるのは、彼らが、固有の場なく決まった住処なしに、つねに外にいるかぎりにおいてなのだ。

同時に、この *ethnos* のあるいはこの *genos* の側に数えられるふりを装いつつ、ソクラテスは、彼自身もまた、自分自身では、自分からは、みずからの神話－模倣図像論的な夢から外へ出て、都市国家に生命と運動を与えることができないと告白している（「私は、自分にはこれらの男たちとその都市国家［戦争中の、交渉中の、生きた、運動する］をしかるべく褒め称えることは決してできないということが分かる程度には、充分自分のことを知っています。私にとっては、そのことはなんら驚くに値しません。しかし、私は、それと同じ考えを詩人たちに関しても抱いたのです……」、19d)。

これは代補的なイロニーだ。ソクラテスは、動物図像誌的模像の人間たちのうちにいつときも数えられることに満足せず、自分は彼らの *genos* あるいは *ethnos* を軽蔑するつもりはないと言う。このことは、テクストとテーマのあいだ、行なわれていることと表明されていることのあいだ、並びに、さまざまなテーマやテーゼを持った「受容体」の継起的な包合の数々のあいだの戯れに、起源なき分割不可能な一つの構造を授けることである。

終わりなく底のない一連の受容体の中でさまざまな場面がたがいに嵌り込んでいるこのイロニーの劇場において、「プラトン－の－哲学」に、それどころかプラトン的事象としての哲学というもの［*la* philosophie］に穏やかに割り当てられるだろうような一つのテーゼあるいは一つのテーマなどというものを、いったいどうやって分離すればよかろう？　そんなことをすれば、テクストの場面の構造を暴力的に誤認ないし否認することになるだろうし、レトリックの場の数々の問いを含むトポロジー一般の問いのすべてが解決済みだと思い込むことになるだろう。

そして、受け取るということが、つまりは、理解するということが、いったい何を言わんとするかを理解できると思い込むことになるだろう。それはいささか尚早である。あいかわらず。

IV

そうなってくると、プラトンの哲学について、プラトンの存在論について、さらにはプラトニスムについて語ることを人はみずからに禁ずるべきなのだろうか？　まったくそうではないし、それを語ることには、おそらく、いかなる原則的な誤りもないだろう。ただし、そこには一つの避けがたい抽象化があるのだ。この条件においてプラトニスムが言わんとしているのは、策略や誤認や抽象化によって、人がテクストから抽出し、「プラトン」の書かれたフィクションから引き離したということになる。そんなテーゼあるいはテーマのことであるだろう。この抽象化が、ひとたび過剰に備給され、展開されるや、人はそれを、テクストのあらゆる襞のうえ、テクストのさまざまな狡知、重層決定、留保のうえへと拡張してしまい、この抽象はそれらを覆い隠し、隠蔽しにやって来ることになるだろう。人はそれをこそプラトニスムあるいはプラトンの哲学と呼ぶことになるわけだが、これは恣意的なことでも不当なことでもない。というのも、人がそのようにして後ろ盾にしているのは、プラトンの不均質なテクストにおいてすでに作用している、ある種の定立的抽象化の力であるからだ。それは、まさしく哲学の名において作動し、みずからを現前化させているのである。それが呼ばれているようにそれを呼ぶことが不当ではなく恣意的でもないとすれば、それは、その恣意的な暴力、その抽象化が、ある程度まで、そして一定の時間のあいだ、法をなすことに存しているから、まさしく哲学のすべてである一つの様態＝叙法にしたがって、テクストの内部で同様に作用している他のさまざまな思考のモティーフを支配することに存しているからである。その思考のモティーフの数々とは、たとえば、ここで特権的に、そしてある状況から出発して、つまり、手短かに言えば、ある別の歴史的状況から発して、われわれの関心を惹いているモティーフである――歴史というのは、たいていの場合、その概念においてこのような哲学的遺産に左右されるものであるにもかかわらず。「プラトニスム」とは、したがって、たしかに、プラトンによって署名されたテクストのさまざまな効果のうちの一つ、それも、長いあいだ支配的な効果であり、いくつかの必然的理由のためにそうだったのだが、この効果は、つねにテクストを裏切ることになる。

この暴力的な逆転こそが、分析され得るのでなければならない。それはなにも、あるとき不意に、人がいっそう大きな明晰性あるいは新たな道具の数々を手にするということではない。そのような技術体系や方法論以前に、ある新たな状況、ある新たな経験、ある別の関係が、可能でなければならない。この三つの語（状況、経験、関係）を、あまりに性急にそれらを限定しないため、そしてコーラのこの読解を通して新たな問いの数々を告げ知らせるために、補語を欠いたままにしておこう。たとえば、存在の状況ないしトポロジー、存在の経験ないし存在への関係などと口にしたりすれば、おそらく、ハイデガー的類型における存在の意味の問いによって開かれた空間にあまりに性急に身を置くことになってしまうだろう。ところが、コーラについてのハイデガー流の解釈に関して言えば、われわれの問いの数々は、ハイデガーのいくつかの決断およびその地平そのものに、すなわち、存在の意味の問いとその時代（エポック）の地平が形づくっているものに差し宛てられてもいるにちがいないのである。

われわれが今しも語った暴力的な逆転は、つねに関心を持たれてきたし、関心を惹くものである。それは、もちろん、われわれがここでテクストと呼んでいるこの限界なき集合において作用しているものだ。あるとき不意に、みずからを構築し、その支配的形態のもとにみずからを定位することによって（ここではそれはプラトンのテーゼ、哲学あるいは存在論だ）、テクストは、そこにおいてみずからを中性化＝無力化し、麻痺させ、自己－破壊ないし隠蔽してしまう――不均質に、部分的に、暫定的に。かくして抑制された諸力が、さまざまなテーゼの組織の中に、一定の混乱を、すなわち潜在的一貫性のなさや不均質性を保ち続けることになる。

それらの力は、そこに、寄生を、秘匿を、腹話術を、そしてとりわけある全般的な否認のトーンを導入しているのだが、人はみずからの耳と視覚をそこで鍛えることでそのトーンを感知する術を身につけることができる。「プラトニスム」とは、ただ単にこの運動の一例なのではない。すなわち、哲学の全歴史「の内部の」第一番目のものだというわけではない。プラトニスムはそれを統御している。この歴史のすべてを統御しているのだ。しかし、この歴史の「すべて」は葛藤をはらんだもの、不均質なものであり、それはただ、相対的に安定化可能なさまざまなヘゲモニーに場を与えるだけである。それは、したがって、決して全体化されはしない。

そのようなものとして、つまり、ヘゲモニーの効果として、ある哲学は、それゆえつねに「プラトン主義的」であることになるだろう。プラトンにおいて、プラトンとともに、いったい何が起きている＝場を持っているか［a lieu］、いったい何が、そこで勝利を収めるため、あるいは敗北するために、そこに姿を現わし、そこに姿を隠しているかを思考するのを試みることを続ける必然性は、そこにこそ由来しているのである。

『ティマイオス』に立ち戻ろう。われわれが辿り着いたこの地点において、語りの現在をいったいどうやって識別すればよいのか？　そこにはいったい誰が姿を現わし＝みずからを現前化しているのか？　そこではいったい誰が言説を担っているのか？　いったい誰にその言葉は宛てられているのだろうか？　あいかわらず、ソクラテスにだ――われわれはすでにこの特異な非対称性を強調してきた。だが、そのことは、定義からして、いまだあまりに不明確なままにとどまっている。この点に関して言えば、したがって、三つのテクスト上のフィクションの審級がたがいの中に包含され合っており、内容としての一方は、他方の受容体の中で形を与えられている。すなわち、Ｆ１――切り分けることのすでに困難な統一体である『ティマイオス』それ自体。Ｆ２――前日の対話（『国家』、*Politeia* だろうか？　この論争は知られている）。Ｆ３――現時点でのその要約、つまり、理想的な *politeia* の描写。

しかし、そのことは事の始まりに過ぎない（17a-19b）。生気のない場面（タブロー）を前にして、ソクラテスは、それゆえ、生へ、運動へ、そして現実性へと移行することを要求するが、それは、最終的に、哲学と政治学について、すなわち、*mimêtikon ethnos*〔模倣する者たちの種族〕や *poiêtikon genos*〔詩人たちという輩〕や *tôn sophistôn genos*〔ソフィストの類〕にとっては――いささかソクラテスに似て

——不可能なことについて語るためである。彼は、まるである別の *genos* に対してそうするかのように、みずからの対話者に語りかける。そして、この呼びかけは、そのために必要不可欠な権利と能力とを彼らのうちに認めつつ、彼らをして語らしめることになるのである。みずからを消去しながら、そして発言を譲りながら、ソクラテスはまたみずからの名宛人たちの言説を誘い込みプログラムしているようにもみえ、今度は彼が聞き手ないし受容者となるふりを装う。彼らの口を通して、これ以後、いったい誰が語ることになるのか？ 彼ら、すなわち、ソクラテスの名宛人たちか、それとも、彼らの名宛人たるソクラテスか？ その本性と教育により、哲学と政治という二つの領界に関与する（ἅμα ἀμφοτέρων φύσει καὶ τροφῇ μετέχον, 20a）者たちの *genos* は、彼らの *genos* からみずからを除外し模倣する者たちの *genos* に属するふりをする者によって、こうして言葉を割り当てられることになるのである。

その際、若きクリティアスは、すでにその前の日に、道を歩きながら、古い口頭の伝承（*ek palaias akoès*, 20d）にしたがって行なっていたある語りを報告することを受け容れる（F４）。前の日に、あまり定かでない一つの伝承をすでに反復していたこの語りの中で、若きクリティアスはもう一つの語り（F５）を報告することになるが、このもう一つの語りとは、彼の祖父たる年老いたクリティアスが、ソロンを相手にしたらしいある対話をもとに、若きクリティアスにみずから報告してくれたものであり、その対話の中ではと言えば、今度はソロンが、エジプトの神官を相手にしたらしいある対話のことを報告しており（F6）、そして、こちらの対話の中では、今度はエジプトの神官がアテナイの起源について語っているのだ（F7）——エジプトのさまざまな文書（エクリチュール）にもとづいて。

ところで、エジプトのエクリチュールへの準拠が立ち戻ってくるのは、この最後の語り（語りの出来事の連鎖の中では最初のものだが、このさまざまな報告の報告の中では、最後に報告されるもの）においてである。最初にして最後のこの語り、その形式において最も神話的なこの語りの中で、問題となっているのは、いまだ子供のままにとどまっているギリシア人たちに、アテナイの幼年期がいったいどのようなものだったかを想起させることである。ところで、アテナイは、一つの都市国家を象徴しており、この都市国家は、エクリチュールの良き慣用を持たなかったとしても、それでもやはり件の神官がそこを出自としているエジプトの都市国家にとってモデルの代わりとなる——したがって、アテナイは、神官が要するにこの語りをそこから発して進める場にとっての模範的なパラダイム［paradigme］の代わりとなるのである。この場、語りに霊感を吹き込みあるいは語りを産み出しているように見えるこの場は、したがって、モデルとして、アテナイというもう一つの場を持っているわけだ。アテナイあるいはその民衆こそが、外見上は物語の名宛人ないし受容体であるにもかかわらず、神官自身にしたがえば、かくして物語の発信者、産出者ないし霊感を吹き込む者、つまりは情報＝形を与える者であることになる。

フィクションF1——これ自体が書かれたものである、そのことを決して忘れるまい——において、こうして、書かれたものによって、自分自身よりも古い一つの起源（F7）へと差し向けるエクリチュールの理論（テオリー）＝隊列ないし行列が展開されているのである。

中心部、F3とF4のあいだには、ある種の反転が、ある明白なカタストロフがある。そして、外見上、人はその際ついに現実へと移行し、模像（シミュラクル）から脱出しつつあると思っている。実際には、すべてはいまだ動物図像誌的なフィクションの空間に閉じこめられたままなのである。そこにはアイロニカルな無邪気さが推量されるが、その無邪気さは、真面目な事柄へと移行し、生気のない絵画から超え出て、ようやく現実の出来事に接近できることを喜ぶために、ソクラテスにとって必要なものなのだ。実際、クリティアスが、自分には語り聞かせる用意があるとソクラテスに告げるとき、ソクラテスは拍手で応じている。クリティアスが語り聞かせようとしているのは、彼の祖父がクリティアスに言ったことであり、それによれば、ソロンが祖父に、あるエジプトの神官から打ち明けられたことについて語ったのだが、それは、「この都市国家によって成し遂げられた見事な偉業」（20e）について、すなわち、「すべてのもののうちで最も偉大」（*pantôn de hen megiston*）であったあれらの偉業の一つについてであった。したがって、聖アンセルムの立論に倣って——ゴーニョンの立論に倣うのでないかぎりだが

――、われわれはこう言うとしよう――それは、現実のものであったにちがいない出来事であり、さもなければ、それはすべてのもののうちで最も偉大なものとはならなかっただろう、と。それは耳よりの話だ、とソクラテスは歓喜して応じている、*eu legeis* と。そして、ただちにこう尋ねるのだ――この偉業とはいったいどのようなものなのか、すなわち、ただ単にフィクション、寓話、言われたこと、それについて語ることで人が満足してしまう何かとして報告されたのではなく（*ou legomenon*）、この都市国家によってかつて現実に（*ontôs*）成し遂げられた勲（いさおし）として報告され、そして、そのようにしてソロンが伝え聞いた、この実際の仕事（*ergon*）とは、いったいどのようなものなのか。

したがってわれわれは、結局、本当に、現実に（*ontôs*）成し遂げられた一つの事実（*ergon*）について語らねばなるまい。このとき、いったい何が起きているのか？　本質的な事柄が、ソロンの口から、それも、それ自体が二世代のクリティアスによって引用されながら、われわれのもとに届いているらしいということに、真っ先に注意しておこう。

ところで、ソロンとは誰か。天才的な詩人として、彼は性急に紹介されている。もし、政治的な緊急事態が、自分の天才に身を捧げる余地を彼に残してくれていたら、彼はヘシオドスあるいはホメロスをも凌駕していたことだろう（21a-b）。ソクラテスが詩人たちについて語ったばかりのことの後、人がそうするふりをした「現実主義的」転向の後では、このイロニーの増大は、さまざまなテーゼとテーマの堅牢性をなおのこと揺るがす。それは、定立的効果とテクスト的フィクションとのあいだのダイナミックな緊張を強める。すなわち、「哲学」ないしここではそれに結びついた「政治」——一つの知の同一性として同定可能かつ伝達可能な意味の内容——と、他方における、一つの神話の形式、つまり、その起源がつねに不確かで、引き込もっており、絶えず日延べされる責任＝応答可能性にゆだねられており、固定的で限定可能な主体を持たないように見える、そんないずれにせよ「言われたこと」(*legomenon*) の形式をとるテクスト的漂流とのあいだの、ダイナミックな緊張を強めるのだ。報告から報告へと、作者はつねに遠ざかってゆく。神話的な言われたことは、そのとき、正当＝合法的な父のいない言説に似る。孤児あるいは私生児たるそれは、かくして、哲学的ロゴスからは、すなわち、『パイドロス』の中で言われているように、責任ある父を、みずからのためにかつみずからについて応答してくれる父を持っているべき哲学的ロゴスからは、区別される。一つの言説がそこから発して位置づけられるこの家族的図式が作用するのを、われわれは再び見出すことになるだろう。すなわち、なおもこう言うことができればだが、あらゆる地勢の場、つまりはコーラを位置づけるまさにその瞬間に。一方で、コーラは「受容体でありすべての誕生の乳母のごときもの」(πάσης εἶναι γενέσεως ὑποδοχὴν αὐτὴν οἷον τιθήνην, 49a) であるだろう。乳母たるコーラは、こうして、*tertium quid*〔第三の何か〕に属しており、その論理は、そこに帰属させられるすべてのものを制御するのである。他方で、少しばかり先のところでは、もう一つのふさわしい「喩え」がわれわれに提言されている――「そして、受容器を母に、模範(パラディグマ)を父に、そして、両者の中間的本性を子供（*ekgonon*）に、それぞれ喩えるのがふさわしい（*proseikasai prepei*）」（50d）。だがそれでいて、この別の形象＝文彩に従うなら、そしてそれがもはや乳母の場所ではなく母の場所をそなえているにもかかわらず、コーラは、父とはカップルを成さない。換言するなら、模範的なモデルとはカップルを成さないのである。第三のジャンル（48e）であるコーラは、対立措定のカップルには属さない。たとえば、叡智的模範(パラディグマ)が感性的生成とともに形づくるような、そしてむしろ父／息子というカップルに似たそれには属さないのだ。「母」はのけ者となるだろう。そして、これは一つの形象＝文彩、一つの図式、したがってコーラが受け取るあれらの限定のうちの一つにすぎないのだから、コーラは、一人の乳母でないのと同様に一人の母ではなく、また一人の女でもない。この *triton genos*〔第三のジャンル〕は、一つの *genos*〔類〕ではない。それは、何よりもまず、それが独自の個物であるからだ。コーラは「女たちの種族」（*genos gynaikôn*）☆9 には属さない。コーラは、一つの場所を脇にのけてしるしづける――それは、「みずからのうちに」、みずからの傍らにあるいはみずからに加えて、みずからとカップルを成すように見えるものすべてに対して、ある非対称的な関係を保持する間隔化〔espacement〕をしるしづけるのである。カップル外のカップルにおいて、産み出すことなく場を与えるこの奇妙な母を、われわれはもはや一つの起源と見なすことはできない。彼女＝それは、あらゆる人間－神学的図式から、あらゆる歴史＝物語から、あらゆる啓示から、あらゆる真実から逃れ去る。前－起源的であり、あらゆる世代＝生殖の前かつ外にあって、それはもはや一つの過去や過ぎ去った一つの現在という意味すら持たない。この前とは、いかなる時間的先行性をも意味していない。この独立の関係、非－関係は、そこに受け取られるべくそこに住まうものの点からすれば、空隙の関係あるいは間隔化の関係にはるかに似ているのだ。

しかしながら、私生児的で正当＝合法的な父を持たぬ推論（*logismô tini nothô*, 52b）によって導かれたコーラについての言説は、起源へのある新たな回帰によって創始されることになる。すなわち、分析的退行の中での新たなエスカレーションによって。『ティマイオス』の全体は、かくして、背後への幾度もの回帰によって区切りを入れられている。先立つ部分ですでに取り扱われた事柄をさらに遡って再び取り上げるさまざまな運動によって、固有の時間が分節化されているのだ。たとえばこんなふうに――

> そんなわけで、〈世界〉がいかにして誕生したのかを現実のままに（ὄντως）語ろうとするなら、さまよう原因の類（καὶ τὸ τῆς πλανωμένης εἶδος αἰτίας）を語りの中に介入させねばならず、その固有の運動の本性を語りの中に介入させねばならないのです。したが

って必要なのは、さらに、もう一度 (πάλιν) 後戻りして、これらの同じ現象のために、新たな適切な始まり (προσήκουσαν ἑτέραν ἀρχήν) を再び取り上げ、これまで検討してきたことにおいてわれわれがそうしてきたように、これらの事実のために、はじめから再び始めることなのです (νῦν οὕτω περὶ τούτων πάλιν ἀρκτέον ἀπ' ἀρχῆς)。 (48a-b)

人ははじめから再び始めることはないだろう。すぐ後で明確化されるように、人は、万物の第一原理あるいは原初的要素 (*stoikheia tou pantos*) にまで遡ることはあるまい。必要なのは、さらに遠くまで行くこと、すなわち、これまで起源と見なし得たもののすべてを再び取り上げること、基本的諸原理の手前まで、模範(パラディグマ)とそのコピーとの対立措定の手前まで立ち戻ることなのである。そして、そうするために、いかにもありそうな主張にしか頼るまい (τὴν τῶν εἰκότων λόγων δύναμιν あるいはさらに τὸ τῶν εἰκότων δόγμα, 48d-e) と告げるとき、それは、同時に、原理を「さらに分割する」ことを提言するためでもある (48e) ――「ところで、この新しいはじまりを、私たちの最初の発端よりもいっそう充分に分割することにしましょう。その際、われわれは、存在の二つの形式 (δύο εἴδη) を区別したのでした。今や、われわれに必要なのは、第三のジャンルを発見することなのです (τρίτον ἄλλο γένος ἡμῖν δηλωτέον)」。

事柄をより俯瞰的に捉え直してみよう。このことは、つぎのように翻訳され得る。すなわち、原理的な対立措定の数々によって事を処理し、一つの正常なカップルを考慮に入れるのと同様にして起源を考慮に入れる、そんな哲学の確信に満ちた言説の手前まで立ち戻ろう。われわれは、そのような確信をわれわれから奪い取り、同時に、不純で、危うく、私生児的で、雑種交配的な哲学的言説をわれわれに要求してくる、そんな一つの前－起源のほうへ立ち戻らねばならないのである。これらの特徴は否定的なものではない。それらは、哲学に対して単純に下位にあるかも知れない何かある言説の信用を失わせるものではない。というのも、その言説がなるほど真実〔vrai〕ではなく、ただ単にいかにもありそうな〔vraisemblable〕ものであるとしても、その言説はそれでもやはり必然性に関して必然的なることを告げているからである。このテクスト全体の異様な難解さは、実際、この二つの様態のあいだの区別に起因している。すなわち、真実なることと必然的なることがそれだ。大胆さは、ここで、起源の手前まで、あるいは同時に誕生の手前まで遡行することに存する——それも、産み出すものでも産み出されたものでもなく、かつ、哲学を宿しており、効果に、すなわちここではさまざまな対立措定のイマージュ（叡智的なものと感性的なもの）に、つまりは哲学というものに、「先立ち」（過ぎゆく時間あるいは歴史以前の永遠の時間の前に）、そしてそれを「受け取る」、そんな一つの必然性へむけて遡行することに。この必然性（コーラとはその異名〔＝上につけられた名〕である）は、あまりに処女（まっさら）的であるがゆえにもはや処女の形象を持ちさえしないのだ。

コーラについての言説は、したがって、哲学にとって、哲学が語るもの――すなわち模範(パラディグマ)にしたがって形成されあるいは情報を与えられた宇宙(コスモス)――にとってコーラ「それ自体」が演じている役割と類同的な役割を、演じることになる。人がそれでもコーラを記述するのに適切な――だが必然的に非十全な――諸形象を汲み上げてくるのは、この宇宙(コスモス)の中からである。すなわち、受容体、刻印台、母あるいは乳母。これらの形象は、真実の形象ですらない。それらの形象が近寄せるものについて、哲学は、警戒＝覚醒のあるいは真実の（真の、あるいはいかにもありそうな）様態＝叙法で、直接的に語ることはできない。夢が、両者のあいだにあるのだ――一方でも他方でもなく。哲学は、みずからの「母」や「乳母」や「受容体」あるいは「刻印台」にただ単に似ているものについて、哲学的に語ることはできない。そのようなものとして、哲学が語るのはただ、父について、そして息子についてだけである――あたかも父が自分一人で息子を産み出しているかのように。

少なくとも形式上での相同性あるいは類同性が、もう一度現われる。コーラを思考するためには、はじまりよりも、すなわち宇宙(コスモス)の誕生よりもさらに古いあるはじまりまで立ち戻る必要があるのだ――ちょうどアテナイ人たちの起源が、彼ら自身の記憶を超えて呼び起こされねばならないのと同じように。それが持っている形式的な点において、まさしく、その類同性が表明されている。建築学的で、テクスト的（組織学的）かつ有機器官的でさえある構成への配慮が、少し先のところで、それとして現われるのである。それは、『パイドロス』の有機体論的モティーフを想起させる。すなわち、見事に構成されたロゴスは、一つの生きた身体に似るはずだ、と。ティマイオスはこう述べている――「かくして今や、大工たち（*tektosin*）と同じように、仕事に取りかかる準備のできたわれわれの手元には、われわれの材料［*hylè*――材料、木、原料。これは、プラトンがコーラを形容するためには決して用いなかった語だが、この事をついでに言っておくのは、質料としてのコーラというアリストテレスの解釈によって提起された問題を告げるためである］があります。これらはさまざまな種類の原因です［必然的原因、神的原因］。これらを使って、われわれは、なすべく残されている推論（*logos*）の横糸（*synyphanthènai*）を結び終える必要があるのです。それゆえ、もう一度、手短かに冒頭に立ち戻り（*palin ep'arkhên*）、そこから出発してわれわれがここまで辿り着いた地点そのものへと急いで引き返すとしましょう。そして、われわれの物語（*tô mythô*）に、目的＝終わり（*teleutên*）として、冒頭と調和する一つの頭（*kephalèn*）を与えるべく努めるとしましょう――先立つ部分に冠を授けて仕上げるために」(69a)。

原註

☆1――――この点、すなわち、われわれの問題系のうちで最も微妙なもののうちの一つについては、われわれとしては、コーラについてのさまざまな解釈の歴史と類型論を素描しながら、あるいはむしろ、それらのパラドックスのあるいはそれらのアポリアの法を記述しようとわれわれが試みる際に、頻繁にかつ詳しく立ち戻りたいと考えている。さしあたり留意しておこうと思うのは、ある集合的な一覧表を提出し、過去の諸解釈のすべてについての包括的な一つの解釈によって結論を出している二つの著作――これはフランス語による、そして七〇年の間隔を置いて出たものである――において、メタファーや比喩あるいはイマージュといったこれらの価値へのメタ‐言語学的ないしメタ‐解釈学的な訴えは、それ自体としては決して問われていないということである。解釈学的レトリックについてのいかなる問いも、とりわけ、ある種のプラトン主義的伝統（メタファーとは叡智的な意味に接近するための感性的な迂回である）からその問いが必然的に借りてきているものにおいては、提起されておらず、このことは、その問いを、プラトンの解釈、それもとりわけ、コーラについての『ティマイオス』のこれこれのパッセージのように奇抜なテクストの解釈のためのメタ言語を提供することにはほとんど適さないものにしてしまうだろう。リヴォーは、かくして、「その多様性が人を驚かせる無数の比喩やメタファー」（二九六頁）について、一つの「イデア」に、それも「何において」（二九八頁）というイデアに関係づけられたさまざまな「メタファー」や「イマージュ」について語っている――たとえ、ツェラーに反して、彼が「プラトンの言い回しのうちにメタファーしか見て取らない」（三〇八頁）ことを拒否するにしても。（« La théorie de la χώρα et la cosmogonie du Timée », dans *Le problème du devenir et la notion de matière*, chap. v, 1905〔「コーラの理論とティマイオスの宇宙開闢論」、『生成の問題と物質の概念』、第五章、一九〇五年〕)。

リュック・ブリッソンはと言えば、「その叙述に挿絵を添えるためにプラトンが用いている夢のメタファー」について語っている (*Le même et l'autre dans la structure ontologique du Timée de Platon*, 1974, p. 197, cf. aussi pp. 206, 207〔『プラトンのティマイオスの存在論的構造における同一者と他者』、一九七四年、一九七頁、また二〇六頁、二〇七頁をも参照〕)。彼は、メタファーという概念への操作的訴えを体系化すらしており、また、「空間的環境の存在論的性質」と彼が呼んでいるもの（われわれは、このタイトルおよび彼が記述している計画に立ち戻るつもりである）を規定する際に、件のメタファーのすべてを分類することを提案してもいる――「……このこと［「空間的環境」の「存在論的性質」を規定すること］は一つの重大な問題を提起する。というのも、プラトンは、どんな技巧からも逃れ去るような全面的にメタフォリカルな言葉を用いることによってしか、空間的環境について語らないからである。だからこそ、われわれは真っ先に二つのイマージュのシークエンスを分析するのだ――一方は性的関係に関するものであり、他方は職人的活動に関するものである……」(二〇八頁、また二一一、二一二、二一四、二一七、二二二頁をも参照)。

もちろん、ここで問題になっているのは、メタファーや比喩あるいはイマージュといった語の使用を批判することではない。こうした使用は、不可避的なものであり、われわれがここで説明を試みるつもりのさまざまな理由からしてそうなのである。必要とあらば、われわれがその使用に訴えることもあるだろう。しかし、このレトリック上のコードの妥当性が一つの限界に出会い、それとして問い質されねばならず、一つの主題となり、ただ単に操作的であることをやめる、そんな一つの地点が存在するように思われる。それこそまさしく、このレトリックの諸概念が「プラトン主義的な」さまざまな対立措定（叡智的なもの／感性的なもの、エイドスとして存在すること／イマージュ、等々）から出発して構築されていると見える地点であり、コーラはまさしくそのような対立措定から逃れ去るのである。さまざまなメタファー（あるいはまた、さまざまな神話素一般）の見かけの多様性がこれらの場において意味しているのは、本来的なる意味はこれらの迂回を経てしか叡智的なものと化すことができないなどということではない。そうではなく、それが意味しているのは、本来的なるものと比喩形象的なるもののあいだの対立措定が、そのすべての価値を失うことなしに、ここで一つの限界に出会うということである。

☆2――彼がそうしているのは、わけても、ある短いパッセージにおいて、実際にはその『形而上学入門』のある括弧の中でのことである――「(『ティマイオス』のこのパッセージ［50d-e］への参照は、ただ単に παρεμφαῖνον と ὄν との相関性を、すなわち、共-出現 (*des Miterscheinens*) と恒常性としての存在との相関性を明らかにすることを目指しているだけではない。それだけではなく、この参照は同時に、プラトン哲学から出発して、つまり、ἰδέα〔イデア〕としての存在の解釈の中で、場 (*Ortes*) (τόπος〔トポス〕) の、そして χώρα〔コーラ〕のほとんど気づかれざる本質に、延長 (*Ausdehnung*) によって定義された「空間」(*Raum*) が取って替わる、そんな変容が準備される (*vorbereitet*) ということを指し示さなければならないのである。Χώρα〔コーラ〕とは、つぎのものを言わんとしているのではあるまいか。すなわち、あらゆる個別的なものからみずからを分離し、逸れるもの、みずからを消去するもの、それゆえ、まさしく他のものを許容し、他のものに「場所を譲る」(*Platz macht*) ものを?)」(pp. 50-51, trad. française G. Khan, pp. 76-77)〔マルティン・ハイデッガー『形而上学入門』、川原栄峰訳、平凡社ライブラリー、一九九四年、一二三―一二四頁。〕このテクストとそのコンテクストがわれわれに提起するにちがいあるまいすべての問いの中で、最も重大なものは、おそらく、「準備される」(*vorbereitet*) によって含意された決断のすべてに関わっているだろう。

☆3――*Vorlesungen über die Geschichte der Philosophie, Einleitung*, B, 2b, *Verhältnis der Philosophie zur Religion*, Werke 18, Suhrkamp, p. 103.〔『ヘーゲル全集11 哲学史 上巻』、「哲学史の序論/B-2-b 哲学の宗教に対する関係」、武市健人訳、岩波書店、一九三四年、一一三頁。〕

☆4———Marcel Detienne et Jean-Pierre Vernant, *Les Ruses de l'intelligence, la métis des Grecs*, p. 66.〔マルセル・デティエンヌとジャン＝ピエール・ヴェルナン『知性の狡知、ギリシア人たちの知恵（メーティス）』六六頁〕。〈ガイア〉は、われわれが立ち戻るつもりのある言説の中で、『ティマイオス』のエジプトの神官によって言及されている。それは、アテナイの都市国家の最大の古代性を彼が認識するときにだが、にもかかわらず、このアテナイの都市国家が持っている記憶としてはただ神話的なものだけであり、その書き残された古文書はあたかもエジプトに託されているかのようなのである（23d-e）。Cf. aussi Heidegger, *Nietzsche*, t. 1, p. 350, trad. française, p. 274.〔ハイデッガー『ニーチェ I』、細谷貞雄監訳、平凡社ライブラリー、一九九七年、四一六―四一七頁をも参照〕。「〈カオス〉、χάος、χαίνω とは、欠伸（*das Gähnen*）、裂開、二つに裂けること（*Auseinanderklaffende*）を意味している。われわれは、χάος を、開かれる深淵としての ἀλήθεια〔アレーテイア＝真理〕の本質についてのある根源的解釈（ヘシオドス『神統記』参照）との密接な連関において理解する。〈カオス〉の表象は、ニーチェにおいて、存在者のその全体性における「人間化」（*Vermenschung*）を警告する働きを持っている。「人間化」とは、一人の創造主の決意から出発した世界の道徳的説明と同時に、一人の偉大な職人（*Handwerker*）（デミウルゴス）の活動から出発した、世界の技術的説明を含んでいる。」

☆5———「西洋の思考にとって決定的な解釈（*massgebende Deutung*）を差し出しているのはプラトンである。彼は、存在者と存在のあいだには、χωρισμός〔離在性〕がある（*bestehe*）と言う。ἡ χώρα〔コーラ〕とは、場所（*Ort*）を意味する。プラトンは、存在者と存在は異なる場所にあると言わんとしているのだ。存在者と存在は、異なる仕方で場所に置かれているのである（*sind verschieden geortet*）。したがって、もしプラトンが χωρισμός を、すなわち、存在と存在者の場所の差異を考慮しているとすれば、彼はその際、存在者の場所との比較において、〈存在〉のまったく別の場所についての（*nach dem ganz anderen Ort*）問いを提起していることになる」（*Qu'appelle-t-on penser ?*, pp. 174-175, trad. française A. Becker et G. Granel, p. 261.）〔『思惟とは何の謂いか』、ハイデッガー全集別巻 3、四日谷敬子、ハルトムート・ブフナー訳、創文社、一九八六年、二四三頁〕。のちに、われわれは、このパッセージについて、そしてそのコンテクストについて詳しく立ち戻るつもりである。

☆6――これは、この試論を、ハイデガーにおける *Geschlecht* に捧げた試論に結びつけるモティーフのうちの一つである。後者の試論への導入、« *Geschlecht*, différence sexuelle, différence ontologique », in *Psyché, Inventions de l'autre*, Galilée, 1987〔「ゲシュレヒト――性的差異、存在論的差異」、高橋允昭訳、「理想」、一九八五年七月号・一〇月号〕を参照。

☆7――『資本論』第四篇第一二章第五節〔向坂逸郎訳、岩波文庫、一九六九年、第二巻、三一七―三一八頁〕。ある別のコンテクスト、一九七〇年に高等師範学校（エコール・ノルマル・シュペリユール）で行なわれたあるセミネールというコンテクストにおいて（「哲学的言説の理論：政治的哲学テクストの書き込みの諸条件――唯物論の例」）、『ティマイオス』についてのこれらの省察は、ここでは背景にとどまっており、私としてはいずれ立ち戻るつもりの他のさまざまな問いと交叉していた。他のさまざまなテクスト、とりわけマルクスとヘーゲルのそれも研究されていた――プラトンの政治学一般への関係が問題であれ、分業、神話、レトリック、物質、等々が問題であれ。

☆8――戦争の可能性はイデア性の中に、すなわち、理想的な都市国家の理想的な描写の中、このフィクションのあるいはこの表象の空間そのものの中に、侵入してくる。この問題系の静脈――われわれはここではそれを辿ることができない――は、およそ最も豊かであると見える。それは、『社会契約論』という一つのフィクションの根源的形態のほうへわれわれを導くかも知れない。ルソーにしたがえば、諸国家間の戦争状態は、いかなる純粋な法にも、すなわち、国家の内部で事を統治すべき法のような純粋に市民的な法にも場＝理由を与えることはできない。たとえその独自の法を、すなわち人々（*genos*、人々、人民、民族）の法＝国際法〔le droit des gens〕を持っていたとしても、戦争は、われわれをして、一種の特殊な野性状態に立ち帰らせる。戦争は、社会契約をそれ自体から逸脱させてしまうのだ。この宙吊りによって、戦争は、社会契約の諸限界をも示すことになる。つまり、戦争は、ある種の光によって、社会契約そのものの、そしてそれを記述する理論的あるいは寓話的な言説の、さまざまな境界線を照らし出すのである。それゆえ、本のそしてこの理想的フィクションの最後に至って、ルソーは数行のうちに、みずからが扱うつもりのない諸問題に接近するのである。この結論部分と戦争についてのこれらの考察を、すなわち、これらの考察が社会契約の外部へ通じるまさにその瞬間にこれらの考察が社会契約の内部とのあいだに保っている特異な関係を、分析する必要があるだろう。これは、主題論的な関係だが、同時に形式的な関係であり、構成の問題でもある。ルソーは、寓話のあるいは理想的な創生の外部を見るために、目を擦っているように思われる。彼は両目を見開くのだが、著書を閉じてしまうのだ――「第九章、結論。国法の真の諸原理を定位し、国家をその土台のうえに基礎づけようと努めた後で、なお為すべく残っているのは、国家をその外的諸関係によって支えることであるだろう。それは、国際法、交易、交戦権および征服の数々、国際公法、さまざまな同盟、交渉、条約、等々を含むだろう。だが、こうしたすべては、私の近視眼にとってはあまりに広大な一つの新たな対象を形成する。私は、この視線をつねに私のいっそう近くに定めておくべきだったかも知れない。」〔『社会契約論』、桑原武夫・前川貞次郎訳、岩波文庫、一九五四年、一九四頁〕

☆9――― Cf. Nicole Loraux, « Sur la race des femmes », dans *Les Enfants d'Athéna* (1981, p. 75 sq.)〔ニコル・ロロー「女たちという人種について」、『アテナイの子供たち』所収（一九八一年、七五頁以下）を参照〕。われわれがここでその範囲を限定しているコンテクストにおいても、これに先立つ章、「土着性――アテナイの一局所論」の中には、「同時に乳母（*trophos*）であり、祖国であり、母である」（イソクラテス『オリンピア大祭演説』）アテナイと、「対立において同時に共犯性において演劇的場面をたがいに分け持っている」「敵対しかつ相互補完的な両極、すなわちロゴスとミュトス」とにとりわけ関わる事柄が再び読まれるだろう（六七―七二頁）。男たちという人種（*genos anthropôn*）に関しては、『ティマイオス』のエジプトの神官がさまざまな「場」を割り当てている。それらは、記憶、古文書の保存、エクリチュール、そして伝統に適した場であり、過剰な暑さや寒さによる破壊から守ってくれる温暖なゾーンである（22e-23a）。

訳者解説

場／名――デリダによる「コーラ」をめぐって

人ははたして名づけることができるだろうか――一つの場に、それも、いかなる拡がり＝延長［extensio］のうちにも位置づけることができず、存在者としての限定を欠いており、それどころか一つの深淵ですらあるようにもみえる場に名づけることが？　だが、それが可能だとして、それ自体としてのどんな固有性をもそなえておらず、それゆえにあらゆるものを受け取ることができ、さまざまなイマージュ、形象、類型がみずからに書き込まれるにまかせ、それらにみずからを与える用意のある、そんな場なき場に、いったいどのような名をつければよいのか。そのとき、場と名の関係はどのようなものであるのか。そして、われわれもまた、その関係との関係において、どのような位置を占めることになるのか。すなわち、いったいどのような名を、そのとき、われわれはみずからのものとして受け取ることになるのだろうか。

ジャック・デリダによるプラトンへの言及は、初期の重要なテクスト「プラトンの薬物学」（« La pharmacie de Platon », in *La dissémination*, Éd. du Seuil, 1972. 初出＝一九六八年）以来、長短取り混ぜて、すでにかなりの分量になる。そもそも、『グラマトロジーについて』（*De la grammatologie*, Éd. du Seuil, 1967. 初出＝一九六五—六六年〔『根源の彼方に——グラマトロジーについて（上・下）』、足立和浩訳、現代思潮社、一九七六年〕）における「原-エクリチュール」をめぐる決定的な考察は、西洋形而上学の伝統における「パロール〔口頭発話〕」と「エクリチュール〔書記行為〕」との階層秩序的二項対立を焦点としており、そこでは、ほかならぬプラトンその人が、この伝統的思考の起源における代表者として繰り返し呼び出されていたのであった。『パイドロス』のプラトンによれば、人間にとってはパロールこそが第一義的な価値を持つ。すなわち、いかなる外在的物質性や空間性をも経由することのない直接性において意識に現前する充実したパロールは、魂、内面性、生きた記憶（ムネーメー）に、したがって、真理と善に結ばれている。それに対して、エクリチュールはと言えば、パロールの代理ないし頽落した外在的補助手段にすぎず、それどころか、そのはたらきは「魂の内面性、真実のロゴスにおける魂の自己への生きた現前性を損な」う「内部への外部の侵入」（*De la grammatologie*, p. 52）だと規定される。エクリチュールが関係しているのは、物質、外面性、外的想起（ヒュポムネーシス）であり、したがって、それは虚偽と悪に人をゆだねかねない。言語についてのこのような思考が、プラトンから、アリストテレス、ルソー、ヘーゲルを経て、『一般言語学講義』のソシュール（それがソシュールの思考の縮減された部分的現われにすぎないことは、今日広く知られている）に至るまで、西洋形而上学を支配してきたというのが、デリダの解釈であり、その支配的な図式を問題化し、失効させ、根本的な転覆へと導く戦略の賭札が「原－エクリチュール」であることは、ここであらためるまでもないだろう。いずれにせよ、デリダにとってプラトンとは、その「ロゴス」と「イデア」と「善」の思考において、形而上学の最も強力な体現者であり、それゆえ、脱構築可能な最大の対象であり続けているのである。

ところで、そのような対象であるからには、プラトンはつねにデリダの「敵」であるのだろうか。デリダの思考とプラトンのそれとは、つねに相容れない二つの対立領域、二つの分離した領域を構成しているのだろうか。否、哲学の思考とそのテクストは、それが徹底したものであり、体系性を目指すものであればあるほど、深い異質性を孕む。どんな異質性をも排除し得た完璧に均質で一貫したテクストなどというものは、哲学の欲望ないし夢にすぎない。そして、デリダによる脱構築の戦略とは、均質性と体系的一貫性を目指しあるいは自負する諸テクストにおける――しばしば当のテクスト自体が無意識な、あるいは抑圧し、あるいは忘却している――異質性を再－刻印し、その還元不可能性を一つの出来事として露出させることに存すると言ってよい。

だが、それでは、プラトンの思考におけるそのような異質性とは何か。コーラこそはその一つ、「プラトニスム」に還元されないプラトンの思考の最大の異質性を指し示す名である。

『ティマイオス』を「プラトニスム」の視線によって読み解くとき、そこに示されているのは、あいかわらず、「善」のイデアによって整序化された世界であるということになるだろう。この宇宙が、万有が、造化神＝デミウルゴスによって善きものとして製作されたプロセス（その原因と帰結、内部構造、諸要素の関係等々）を描き出すこと。ごく乱暴に要約すれば、ここでのプラトンの意図はそのようなものである。「この万有の作り主であり父である存在」を見出すことはたしかに困難であり、それについてすべての人々に語るのは不可能である。だが、ともかく——「もしもこの宇宙が立派なものであり、製作者がすぐれた善きものであるなら、この製作者が永遠のものに注目したのは明らかです。〔……〕というのは、宇宙は、およそ生成した事物のうちの最も立派なものであり、製作者のほうは、およそ原因となるもののうちの最善のものだからです。そこで、このようにして生成したのですから、宇宙は、言論と知性（理性）によって把握され同一を保つところのものに倣って、製作されたわけなのです。ところで、以上のような事情があるとすれば、この宇宙が何らかのものの似像であることも、これまた大いに必然的なことです」（29a-b、『プラトン全集12』所収、種山恭子訳、岩波書店、一九七五年、二九—三〇頁）。

ところで、プラトンは、この宇宙論－自然論が二種類の言説から構成されることに注意を促している。プラトンがティマイオスに同じく冒頭で語らせているのは、これから語られるのが、真実の言説といかにもありそうな〔＝真実らしい〕言説とに区別されるということだ。すなわち、「言論〔＝言説〕の対象」が「永続性があって確固」とした「理性」の対象である場合には、「言論自身も永続性のある不変のもの」となるが、他方、「言論の対象」が「似像」でしかない場合、「言論自身も、似た（ありそうな、真実らしい）言論」にとどまる。したがって「神々（天体）だとか万有の生成だとか」についての言説は「完全に整合的」で「高度に厳密に仕上げられた」ものではあり得ない。そして「所詮は人間の性（さが）を持つもの」にすぎないわれわれは、このような問題については「ありそうな物語」「ありそうな言論」〔強調＝原文〕を受け容れるほかはなく、「理性」の言説にいわば漸近する努力でよしとしなければならない（29b-d、同書、三〇―三一頁）……。

プラトンの諸テクストのうちでも、稀な執拗さで用心深く設定された言説のこのような分割、すなわち、ロゴスとミュトスの対立措定は、これ以後、『ティマイオス』全篇を通して折に触れて言及され、維持されてゆくことになる。だが、この分割は、はたしてどこまで適切性を持ち、それとして機能し得るのか。この機能は、すぐさま危うくなる。それは、ティマイオスが、「この宇宙の生成」が「理性」だけでなく、「「必然」と「理性」との結合」から生み出されたこと、そこには「彷徨する種類の原因」があることを語り出すときである（48a、同書、七二頁）。そして「受容体」ないし「場＝コーラ」が位置づけられているのは、まさにこのような文脈の中になのである。

プラトンの言うところにしたがえば、これは、理性の対象となるモデルでも、モデルの模写たる生成するものでもない「第三のもの」であり、これにプラトンはさまざまなイマージュを与えている。たとえば、「あらゆる生成の、いわば養い親のような受容者」（49a、同書、七五頁）、「すべてのものの印影の刻まれる地の台」（50c、同書、七九頁）、「可視的な、あるいは一般に感覚的なものたる生成物の、母であり受容者であるもの」（51a、同書、八一頁）等々がそれだが、ここで重要なのは、この「第三のもの」をプラトンが位置づけようとする際の、その不自然な語り方、微妙なトーンである。一方でプラトンは言う。「われわれは三つの種族を念頭に置」かねばならず、それは「生成するもの」と「生成するものが、それの中で生成するところの、当のもの」と「生成するものが、それに似せられて生じる、そのもとのもの（モデル）」（50c-d、同書、八〇頁、強調＝原文）である、と。だが、他方において、プラトンは、この「第三のもの」が「一種の擬いの推理」と言うべきものによって「感覚には頼らずに捉えられるもの」であり、「ほとんど所信の対象にもならないもの」（52b、同書、八四頁）なのだと言う。はたしてこの「第三のもの」は、存在のカテゴリーに割り当てられるもの、したがって、ロゴスによって語られるものなのか、それとも、「夢見心地の状態」（52b、同前）で把握されるにすぎないもの、したがって、ミュトスを通してのみ表現されるものなのだろうか。

デリダが介入するのはこの地点、まさしく、コーラをめぐって、存在の分割そして／あるいは言説の分割が揺れ動くこの地点である。デリダによれば、プラトンがここで（われ知らず、だが必然的に）触れているのは、単なる存在者のジャンルの区別ではなく、またそれに対応する言説のジャンルの転位でもない。換言するなら、ここで問題になっているのは、イデア／模倣、モデル／生成といった対立措定ではなく、ロゴス／ミュトスの対立措定でもない。そうではなく、そのようなプラトン的対立措定が、プラトンみずからの書き込みによって失効する出来事そのもの――それこそがコーラという「場」なのである。コーラをめぐる記述を「教育的メタファー」と見なす伝統を批判しつつ、それが告げている事態を字義通りに読み解くデリダによれば、「叡智的なもの」でもなく「感性的なもの」でもない「第三のジャンル」とプラトンが呼ぶものは、存在者の三つ目のジャンルではないし、存在の反対物＝非存在でもない。また、この点が肝心だが、フィクションとして想定され、やがてしかるべき仕方でロゴスへと止揚されるべき神話素なのでもない。それは、それ自体としてのいかなる実質も欠いた何か、ロゴスの言説によってはただ「〜でも〜でもない」としか表現され得ないような非‐固有性そのものであり、したがってそれは、弁証法に対してある特異な関係を持っている。つまり、それは、弁証法的な二項の対立措定のいずれにも属さず、しかし、当の対立措定がそこから発してはじめて可能になるようなある運動性であり、いわばそれは対立措定の非－対称的な外部を構成しているのである。

存在論的文法の攪乱――一言でいえば、それがコーラの効果である。そして、しばしば取り上げられるあれらの形象やイマージュは、その効果との関連において読まれるべきものである。「母」「乳母」「受容体」「刻印台」とは、コーラの本質を表現するイマージュなのではない。「母」に似た、あるいは「受容体」に喩えられるコーラの本質があり、その本質に適合するのがこれらのイマージュなのだと考えるとき、人は、事柄の全体を見誤ることになるだろう。それらのイマージュは「遡行的投影」にすぎないのだ。プラトンがはっきり書いているように、「この場合、象られてつくられる像が見た目にありとあらゆる多様性を呈しなければならないことになっているのだとすると、そういう像がその中で象られて成立するところの、その当のもの（受容者）自身は、およそ自分がどこかから受け入れるはずのどんな姿とも無縁だというのでなければ、受け入れるものとしての準備がよく整っていることにはならない」（50d、同書、八〇頁、強調＝原文）。それゆえ、一切の本質を欠いたこれを字義通りに読むとき、あらゆる擬人論の彼方あるいは手前で、本来的意味／比喩形象的意味、さらには実在／メタファーの対立措定がそこでは根本的に疑問に付される。そんなある脱－臼［dis-location］の空間を人は前にすることになるだろう。プラトンから発して、プラトニスムの内部、弁証法の内部、存在論の内部で還元不可能な間隔化〔espacement〕として作用するコーラ。デリダは書いている――

解釈学的諸類型がコーラに情報＝形をもたらすことができるのは、〔……〕ただ、接近不可能で、平然としており、「不定形（アモルフ）」で、つねに手つかず＝処女的、それも擬人論に根源的に反抗するような処女性をそなえているそれが、それらの類型を受け取り、それらに場を与えるようにみえるかぎりにおいてのみなのである。

（本書一二頁）

コーラは「女たちの種族」には属さない。〔……〕カップル外のカップルにおいて、産み出すことなく場を与えるこの奇妙な母を、われわれはもはや一つの起源と見なすことはできない。彼女＝それは、あらゆる人間－神学的図式から、あらゆる歴史＝物語から、あらゆる啓示から、あらゆる真実から逃れ去る。前－起源的であり、あらゆる世代＝生殖の前かつ外にあって、それはもはや一つの過去や過ぎ去った一つの現在という意味すら持たない。この前とは、いかなる時間的先行性をも意味していない。この独立の関係、非－関係は、そこに受け取られるべくそこに住まうものの点からすれば、空隙の関係あるいは間隔化の関係にはるかに似ているのだ。

（本書八五―八六頁）

こうして、コーラは、プラトン自身によって書き込まれたプラトニスムの外部への、それどころか哲学一般の外部への通路である。「存在を時間錯誤化する」(デリダ)その力を縮減するようないくつかの読解は、したがって批判されねばならないだろうし、逆に、この力への応答として、いくつかの美学的そして政治的実践が検討され得るだろう。

*

真っ先に指摘し得るのは、デリダによるコーラ読解が、ジュリア・クリステヴァによる「コーラ」概念を根本から批判し、少なくともその範囲を——無効化するとまでは言わないにせよ——きわめて限定的なものにするということだ。よく知られているように、クリステヴァは、その大著『詩的言語の革命』(一九七四年)の「理論的前提」をなす前半部分で「ル・セミオティック」(前-記号界)と「ル・サンボリック」(記号象徴界)の概念形成を行ない、前者を規定するに際して、プラトンの「コーラ」を援用している。クリステヴァの解釈する「コーラ」とは、記号象徴界が抑圧している身体的欲動の場であり、前-エディプス期に主体がその母とのあいだに保っている関係に基礎を持つ——「「エネルギー」の負荷であると同時に「心的なもの」のしるしでもある欲動は、こうして、われわれがコーラと呼ぶものを明確化する。それはすなわち、激しく突き動かされると同時に規制されている運動態の中で、これらの欲動とその鬱滞によって形成される非‐表現的なる全体性のことである。／われわれは、このコーラという術語をプラトンの『ティマイオス』から借り、ほんの一時的で、本質的に動的で、運動とその束の間の鬱滞からなる一つの分節化作用を指し示すことにする。われわれは、この不確かで非限定的な分節化作用を、すでに表象に属しており、何らかの幾何学に場を与えるために空間的な現象学的直観への備えができている配置から区別する」(Julia Kristeva, *La révolution du langage poétique*, Éd. du Seuil, 1974, p. 23〔『詩的言語の革命』第一部・理論的前提、原田邦夫訳、勁草書房、一九九一年〕)。その後、『ポリローグ』(*Polylogue*, Éd. du Seuil, 1977〔足立和浩ほか訳、白水社、一九八六年〕)、さらに『恐怖の権力——〈アブジェクシヨン〉試論』(*Pouvoirs de l'horreur. Essai sur l'abjection*, Éd. du Seuil, 1980〔枝川昌雄訳、法政大学出版局、一九八四年〕)へと展開され錬成される理論的言説においても、クリステヴァはつねに、記号象徴界と前‐記号界との弁証法という基本図式を手放さない。クリステヴァによれば、「コーラ」をその原型とするような前‐エディプス的な身体的欲動——それはしたがって「母性的なもの」と分かちがたい——は、記号象徴界の秩序に反抗し、それを動態化し、組み替える働きをするのであり、詩的言語やある種の芸術表象の目的は、その働きを最大限に解放する点にある。だが、すでに見たように、このような解釈は、コーラが名指す非‐固有性に対する極端な擬人論的限定であり、その存在論的次元を見ないに等しい。しかも、前－記号表象的な身体的欲動の場として解釈された「コーラ」は、その秩序攪乱的効果がどのようであれ、最終的には、象徴秩序の再構築をプログラムされた弁証法的目的論の内部にある。コーラという哲学一般にとっての非－対称的な他者が、ここでは精神分析的記号論の概念装置の一要素に縮減されてしまっているのだ。

その一方で、場所を作ること、空間を設定すること、あるいは住まうこと、記念化すること等々の問いをラディカルに思考する建築家たちにとっても、コーラは回避できない場を与え＝きっかけとなり [donner lieu] 続けている。たとえば、ピーター・アイゼンマン。パリのラ・ヴィレット公園に「共同作品」を構築すべく一九八五年にデリダ－アイゼンマンの作業は開始されるが、文字通りの試行錯誤が続く中で——一九八五年九月一七日ニューヨークでの対話を皮切りに、哲学者と建築家は、パリ、トレント、ニューヘヴンと移動しながら、一九八七年一〇月二七日ニューヨークでの最後のそれまで、計七回の対話を繰り返し、さらにたがいのやり取りは一九八九—九〇年の往復書簡まで続く——問題となっていたのはいったい何か（この壮大な「失敗」の全容は、今日 Jacques Derrida and Peter Eisenman, *CHORA L WORKS*, The Monaceli Press, 1997 という一冊のうちに収められているが、この本は、その「ディコンストラクティヴ」な作りにおいて、見る者、手に取る者を圧倒する。計七回の対話（各回、ジェフリー・キプニス、トマス・リーザー、レナード・リッツィが適宜参加する）の記録に加えて、そのあいだに最初期のドローイングから最後期の模型までの図版が幾枚も挿入され、さらにベルナール・チュミによる紹介やデリダによる「なぜピーター・アイゼンマンはかくも良い本を書くのか」の英訳、そして前述の往復書簡などが収録されており、その全体をデリダの『コーラ』が挟み込んでいる（前半分は英語版、後ろ半分はフランス語版）。しかも、製本されたテクストには、ちょうど中央あたりに配置された目次と図版キャプションの数ページの厚みへ向けて、表紙と裏表紙の双方の側から九個と一〇個の四角い孔が、本文にランダムな空白ができるのもかまわず穿たれているのである！　つまり、これは、端的に読めない本なのだ）。最後の手紙でデリダは、アイゼンマンに宛てて「不在に関するリファレンス」こそが「建築についてのあなたの言説のなかで、私が最も困惑を感じた事柄の一つ」であると言い、さらには、「私が願っていたようなラディカルな仕方であなたが〈コーラ〉を脱-神学化し、脱-存在論化したとは、どうも思われない」とすらデリダは書きつける。「コーラ」とは、一般に誤解されやすいような——そしてアイゼンマンもときおり示唆するような——「空虚」でも「不在」でも「不可視性」でもないのだ、と。この厳しい根本的な問いかけに対して、アイゼンマンは応酬する——そう、「僕は不在に夢中になっている。しかし、それは空虚でもなければガラスでもない。なぜなら、建築は、言語と異なり、現前、すなわちシニフィエの現実的存在によって支配されているからだ」——「あなたは現前／不在の弁証法を脱構築してきた。僕の意見によると、それだけでは建築において十分ではない。まさしくそれは、建築が二項体系ではなく三項体系であるからだ。建築にはもう一つの条件があり、僕はそれを〈現在性〉(プレゼントネス)と呼んでいる。それは不在でもなければ現前でもなく、形態でもなければ機能でもなく、〔……〕むしろ、それは記号と存在(ハイデガー的意味での)の中間にある過剰的条件である」(「ピーター・アイゼンマンへの手紙」、小林康夫訳、『Anyone』所収、NTT出版、一九九七年――「Post/El Cards――ジャック・デリダへの返答」、丸山洋志訳、同書)……。

この議論の交叉と噛み合わなさは、それ自体、大きな問題を構成するだろう。とりわけ、コーラを「不在」や「空虚」と同一視する傾向は、建築などの造形分野にかぎらず、言語とエクリチュールの領野にも現にしばしば見出される。それは、脱構築とユダヤ教および否定神学との関係という別の重要な問題系列へとわれわれを送り届けるだろう。そして、まさしくこの問題系列に、建築家として真正面から取り組んだのが、ダニエル・リベスキンドにほかならない。「ベルリン・ユダヤ博物館」(一九九九年竣工/二〇〇一年開館)――「空虚=空隙」(ヴォイド)を中心なき中心として構築された灰色の、ときに鈍く光る建物。それは、ヨーロッパの歴史、その記憶にとっての範例的都市であるベルリンに場所を占め、ホロコーストという前例のない歴史の絶対的出来事の時刻を反復する記憶の装置たらんとする建物だ。「空虚」は、そこでは、失われた時間を空間化する場所なき場所の役割を担わされており、建築の総体は、「空虚」をそれとして不在において現前化させるために設計されている——「それは空虚化された空虚です。それから、断片化そして破片化があって、それが博物館としての一貫性の欠如をはっきりと刻み込み、博物館が、まさに機能的にも精神的にも接近不可能なものとなるために未完であり、解体されていることを示すのです」（前掲「ピーター・アイゼンマンへの手紙」に引用）。

それ自体が「未完」となり内部から「解体」されることもかまわずに、死者たちの記憶の充溢する逆説的な、そして夥しい「空虚」で建物を満たすこと。ここには、デリダ的な時間錯誤の法にしたがって、場を構成しようとする意志が漲っているだろう。「空虚」を穿ち、そこを死者たちの記憶の場、喪の空間とすること。だが、そのことは、この建築がたんなる想起のためのモニュメント、記憶のフェティシズムの対象であることを意味しない。そうではなく、「空虚を空虚化する」ことによって想起を限界へともたらし、内面化された死者たちを外へ晒し出す、そんな非-人間的な装置を組み立てること。歴史の死者たちを、形姿なきある別の「物質性」として外在化すること。そしてそのことによって、歴史を焼き尽くした炎の時刻を、永遠とは異なる別の回帰する時刻のうちに宙吊りにすること——それこそが、ここでリベスキンドが試みたことであるだろう。

ところで、コーラの思考は、さらにわれわれを別の空間の思考へむけても送り出す。プラトニスムの内部、弁証法の内部、そして存在論の内部における還元不可能な間隔化としてのコーラは、公共空間についても、それが開かれたものであることを促し、また約束するだろう。人がある場所に「到来すること」「居ること」「住むこと」をめぐって、今日、われわれはどのような政治を発動させようとしているか。今日、ますます支配的なものとなりつつあるのは、おそらく、普遍的義務としての歓待（カント）とは正反対の、場所に関する自己固有化のエコノミーであり、家政（オイコス）と固有性の法であるだろう。デリダはある本の中で、今日における「歓待の掟」をめぐってつぎのように語っている——「歓待とは、到来者を問い質すことなのでしょうか。〔……〕それとも問い尋ねないほうがよいのでしょうか。名前で呼んだほうがよいのか、それとも名前なしに呼んだほうがよいのか。名前を与えたほうがよいのか、それともすでに与えられた名前を知るべきなのか。ひとが歓待を与えるのは、主体に対して、同定（アイデンティファイ）可能な主体に対して、名前によって同定可能な主体に対して、法的な主体に対してなのか。それとも、他者が自己を同定する以前から、さらには他者が主体となる〔……〕以前から、つまり法的な主体、ファミリー・ネームで名づけることができる主体となる以前から、歓待はみずから他者に向かい〔＝おのれを他者に返し〕、おのれを他者に与えるのか……。」(Jacques Derrida et Anne Dufourmantelle, *De l'hospitalité*, Éd. Calmann-Lévy, 1997〔「異邦人の問い——異邦人から来た問い」、『歓待について』、廣瀬浩司訳、産業図書、一九九九年、六五—六六頁〕)。

到来する者にむけて、問い質し、名による同一性を求めること――それは日常的に見られる光景だ。しかし、その行為が、国家主権の境界線上で繰り返され、そしてのみならず、一つの国家主権の内部で、その主権が公共空間と呼ぶところにおいても反復されるとき、その空間はもはや「公共」の名に値しない。だから、そうではなく、公共空間にコーラを保持すること、否、コーラとして公共空間を保持すること。そのとき、われわれは、名と場の関係を新たに設定することができるだろう。われわれの空間が、「支持体の不在」として「まさしく何ものでもない、このきわめて特異な非固有性」の法を維持するとき、そこには、名による同定を離れ、その名を救われて [sauf le nom]、到来者がその他性を臨検されずに生き延びる、そんな場が出来することを、われわれは期待してよいだろう。

さて、こうしてわれわれは、プラトンのコンテクストから発して、コーラをめぐって、哲学的言説におけるその脱構築的効果を測定し、今日の理論におけるその反動的解釈の罠を指摘し、その美学的コンテクストにおける、そしてその政治的コンテクストにおける可能性を素描してきた。われわれはコーラについて、その力と射程を汲み尽くしたと言えるだろうか。いや、むろん、それにはほど遠いだろう。人はコーラ「そのもの」に接近することなどできはしないし、コーラ「そのもの」に名づけることもできはしない。できるのはただ、それについて、そのうえで、一つの場を与えつつ受け取り、名づけ得ぬものから束の間の名を受け取ることだけだ。だがしかし、そもそも、名づけ得ぬものとの関係を欠いた名づけることなどを、人ははたして想定できるだろうか。名づけることが、名づけ得ぬものに名を与えることでないとしたら、それは、単なる分類と登録にすぎまい。名づけること――それは、まるでコーラのように、存在者の地平から退き、深淵と時間錯誤のうちに身を保っているこれに言葉を与えることなのだ。

（仮に精神分析がコーラと深く関わるとすれば、それは、すでに見たクリステヴァにおけるような概念装置の一要素としてではまったくない。そうではなく、それは精神分析が、すぐれて名についての学であり、名の系譜学という知の実践でもあるからにほかならない。）

*

本書は、Jacques Derrida, *Khôra*, Éd. Galilée, 1993 の全訳である。このテクストは初め、古典ギリシア学の大家ジャン＝ピエール・ヴェルナンへ捧げられた共同論文集、*Poikilia : Études offertes à Jean-Pierre Vernant*, Éd. de l'École des Hautes Études en Sciences Sociales, 1987 のために書かれ、若干の加筆・修正を経て、*Passions*〔『パッション』〕、*Sauf le nom*〔『名を救って／名を除いて』〕と同時に「名に

ついての試論」三部作の一つとして刊行された（解説中でも触れた*CHORA L WORKS*所収のものを含めれば、三つのヴァージョンがあることになる）。なお、本書のサブタイトルは、メインタイトルの属する文脈を明確化するための日本語版独自のものだが、その妥当性は本文に照らして理解していただけると思う。

短いながら、強いインパクトと長い射程を持つこの凝縮されたテクストの力を、どこまで日本語に移し変えることができただろうか。作業を終えるに際して、助力をいただいた方々の名を書きとめておきたい。

古典ギリシア語に関しては、ティエリー・マレ氏（学習院大学）からご教示をいただいた。

未來社・社主である西谷能英さんには、長いあいだご心配をおかけした。出版のお約束をしてから、思わぬ時間が経過してしまったが、この間、訳者の態勢が整うのを辛抱強く、またこのうえなく寛容に待っていただいた。息切れしかかった訳者の作業に最後の段階で伴走してくれたのは、同・編集部の中村大吾さんである。編集者としての役割以上の配慮に加えて、若くシャープなその反射神経に助けていただいた。お二人に、心から感謝を捧げる。

（なお、翻訳および解説に関連する資料の収集にあたっては、早稲田大学特定課題研究助成費〔課題番号：2001A-810〕によるサポートを得た。）

この本が、それ自体、コーラとして、さまざまな思考の場と社会的実践の空間を開き続けることを願う。

二〇〇四年三月一五日

守中高明

■訳者略歴

守中高明（もりなか たかあき）

一九六〇年生まれ。

フランス文学・思想専攻。早稲田大学法学学術院教授。詩人。

著書――『反＝詩的文法』（思潮社、一九九五年）、『脱構築』（岩波書店、一九九九年）、『存在と灰』（人文書院、二〇〇四年）、『法』（岩波書店、二〇〇五年）、『終わりなきパッション』（未來社、二〇一二年）、『ジャック・デリダと精神分析』（岩波書店、二〇一六年）ほか。

共著――『ドゥルーズ横断』（河出書房新社、一九九四年）、『シュルレアリスムの射程』（せりか書房、一九九八年）、『文化解体の想像力』（人文書院、二〇〇〇年）、『「光」の解読』（岩波書店、二〇〇〇年）、『変成する思考』（岩波書店、二〇〇五年）ほか。

詩集――『現代詩文庫・守中高明詩集』（思潮社、一九九九年）、『シスター・アンティゴネーの暦のない墓』（思潮社、二〇〇一年）ほか。

翻訳――デリダ『シボレート』（共訳、岩波書店、一九九〇年）、ドゥルーズ＋ガタリ『千のプラトー』（共訳、河出書房新社、一九九四年）、デリダ『たった一つの、私のものではない言葉』（岩波書店、二〇〇一年）、ラクー＝ラバルト＋ナンシー『ナチ神話』（松籟社、二〇〇二年）、ドゥルーズ『批評と臨床』（共訳、河出書房新社、二〇〇二年）デリダ『赦すこと』（未來社、二〇一六年）ほか。

【ポイエーシス叢書52】

コーラ——プラトンの場

二〇〇四年四月三〇日　初版第一刷発行
二〇一七年一月三一日　第二刷発行

定価……………………本体一八〇〇円＋税

著者……………………ジャック・デリダ

訳者……………………守中高明

発行所…………………株式会社　未來社
東京都文京区小石川三—七—二
振替〇〇一七〇—三—八七三八五
電話（03）3814-5521（代）
http://www.miraisha.co.jp/
Email: info@miraisha.co.jp

発行者…………………西谷能英

印刷・製本……………萩原印刷

ISBN978-4-624-93252-7 C0310

ポイエーシス叢書

（消費税別）

1 起源と根源　カフカ・ベンヤミン・ハイデガー　小林康夫著　二八〇〇円
2 未完のポリフォニー　バフチンとロシア・アヴァンギャルド　桑野隆著　二八〇〇円
3 ポスト形而上学の思想　ユルゲン・ハーバーマス著／藤澤賢一郎・忽那敬三訳　二八〇〇円
5 知識人の裏切り　ジュリアン・バンダ著／宇京頼三訳　三二〇〇円
6「意味」の地平へ　レヴィ＝ストロース、柳田国男、デュルケーム　川田稔著　一八〇〇円
7 巨人の肩の上で　法の社会理論と現代　河上倫逸著　二八〇〇円
8 無益にして不確実なるデカルト　ジャン＝フランソワ・ルヴェル著／飯塚勝久訳　一八〇〇円
9 タブローの解体　ゲーテ「親和力」を読む　水田恭平著　二五〇〇円
10 余分な人間　『収容所群島』をめぐる考察　クロード・ルフォール著／宇京頼三訳　二八〇〇円
11 本来性という隠語　ドイツ的なイデオロギーについて　テオドール・W・アドルノ著／笠原賢介訳　二五〇〇円
12 他者と共同体　湯浅博雄著　三五〇〇円
13 境界の思考　ジャベス・デリダ・ランボー　鈴村和成著　三五〇〇円
14 開かれた社会―開かれた宇宙　哲学者のライフワークについての対話　カール・R・ポパー、フランツ・クロイツァー／小河原誠訳　二〇〇〇円

15 討論的理性批判の冒険　ポパー哲学の新展開　小河原誠著　三二〇〇円
16 ニュー・クリティシズム以後の批評理論（上）　フランク・レントリッキア著／村山淳彦・福士久夫訳　四八〇〇円
17 ニュー・クリティシズム以後の批評理論（下）　フランク・レントリッキア著／村山淳彦・福士久夫訳　三八〇〇円
18 フィギュール　ジェラール・ジュネット著／平岡篤頼・松崎芳隆訳　三八〇〇円
19 ニュー・クリティシズムから脱構築へ　アメリカにおける構造主義とポスト構造主義の受容　アート・バーマン著／立崎秀和訳　六三〇〇円
21 スーパーセルフ　知られざる内なる力　イアン・ウィルソン著／池上良正・池上冨美子訳　二八〇〇円
22 歴史家と母たち　カルロ・ギンズブルグ論　上村忠男著　二八〇〇円
23 アウシュヴィッツと表象の限界　ソール・フリードランダー編／上村忠男・小沢弘明・岩崎稔訳　三二〇〇円
25 地上に尺度はあるか　非形而上学的倫理の根本諸規定　ウェルナー・マルクス著／上妻精・米田美智子訳　三八〇〇円
26 ガーダマーとの対話　解釈学・美学・実践哲学　ハンス＝ゲオルク・ガーダマー著／カルステン・ドゥット編／巻田悦郎訳　二二〇〇円
27 インファンス読解　ジャン＝フランソワ・リオタール著／小林康夫・竹森佳史ほか訳　二五〇〇円
28 身体　光と闇　石光泰夫著　三五〇〇円
29 マルティン・ハイデガー　伝記への途上で　フーゴ・オット著／北川東子・藤澤賢一郎・忽那敬三訳　五八〇〇円
30 よりよき世界を求めて　カール・R・ポパー著／小河原誠・蔭山泰之訳　三八〇〇円
31 ガーダマー自伝　哲学修業時代　ハンス＝ゲオルク・ガーダマー著／中村志朗訳　三五〇〇円
32 虚構の音楽　ワーグナーのフィギュール　フィリップ・ラクー＝ラバルト著／谷口博史訳　三五〇〇円

33 ヘテロトピアの思考　上村忠男著　二八〇〇円
34 夢と幻惑　ドイツ史とナチズムのドラマ　フリッツ・スターン著／檜山雅人訳　三八〇〇円
35 反復論序説　湯浅博雄著　二八〇〇円
36 経験としての詩　ツェラン・ヘルダーリン・ハイデガー　フィリップ・ラクー＝ラバルト著／谷口博史訳　三五〇〇円
37 アヴァンギャルドの時代　1910年-30年代　塚原史著　二五〇〇円
39 フレームワークの神話　科学と合理性の擁護　カール・R・ポパー著／M・A・ナッターノ編／ポパー哲学研究会訳　三八〇〇円
40 グローバリゼーションのなかのアジア　カルチュラル・スタディーズの現在　伊豫谷登士翁・酒井直樹・テッサ・モリス＝スズキ編　二五〇〇円
41 ハーバマスと公共圏　クレイグ・キャルホーン編／山本啓・新田滋訳　三五〇〇円
42 イメージのなかのヒトラー　アルヴィン・H・ローゼンフェルド著／金井和子訳　二四〇〇円
43 自由の経験　ジャン＝リュック・ナンシー著／澤田直訳　三五〇〇円
44 批判的合理主義の思想　蔭山泰之著　二八〇〇円
45 滞留［付／モーリス・ブランショ「私の死の瞬間」］　ジャック・デリダ著／湯浅博雄監訳　二〇〇〇円
46 パッション　ジャック・デリダ著／湯浅博雄訳　一八〇〇円
47 デリダと肯定の思考　カトリーヌ・マラブー編／高橋哲哉・増田一夫・高桑和巳監訳　四八〇〇円
48 接触と領有　ラテンアメリカにおける言説の政治　林みどり著　二四〇〇円
49 超越と横断　言説のヘテロトピアへ　上村忠男著　二八〇〇円

50 移動の時代　旅からディアスポラへ　カレン・カプラン著／村山淳彦訳　三五〇〇円

51 メタフラシス　ヘルダーリンの演劇　フィリップ・ラクー＝ラバルト著／高橋透・高橋はるみ訳　一八〇〇円

52 コーラ　プラトンの場　ジャック・デリダ著／守中高明訳　一八〇〇円

53 名前を救う　否定神学をめぐる複数の声　ジャック・デリダ著／小林康夫・西山雄二訳　一八〇〇円

54 エコノミメーシス　ジャック・デリダ著／湯浅博雄・小森謙一郎訳　一八〇〇円

55 私に触れるな　ノリ・メ・タンゲレ　ジャン＝リュック・ナンシー著／荻野厚志訳　二〇〇〇円

56 無調のアンサンブル　上村忠男著　二八〇〇円

57 メタ構想力　ヴィーコ・マルクス・アーレント　木前利秋著　二八〇〇円

58 応答する呼びかけ　言葉の文学的次元から他者関係の次元へ　湯浅博雄著　二八〇〇円

59 自由であることの苦しみ　ヘーゲル『法哲学』の再生
アクセル・ホネット著／島崎隆・明石英人・大河内泰樹・徳地真弥訳　二二〇〇円

60 翻訳のポイエーシス　他者の詩学　湯浅博雄著　二二〇〇円

61 理性の行方　ハーバーマスと批判理論　木前利秋著　三八〇〇円

62 哲学を回避するアメリカ知識人　コーネル・ウェスト著／村山淳彦・堀智弘・権田建二訳　五八〇〇円

63 赦すこと　赦し得ぬものと時効にかかり得ぬもの　ジャック・デリダ著／守中高明訳　一八〇〇円

64 人間という仕事　フッサール、ブロック、オーウェルの抵抗のモラル
ホルヘ・センプルン著／小林康夫・大池惣太郎訳　一八〇〇円

65 ピエタ　ボードレール　ミシェル・ドゥギー著／鈴木和彦訳　二二〇〇円

66 オペラ戦後文化論1　肉体の暗き運命 1945-1970　小林康夫著　二二〇〇円
67 反原子力の自然哲学　佐々木力著　三八〇〇円
68 信と知　たんなる理性の限界における「宗教」の二源泉　ジャック・デリダ著／湯浅博雄訳　一八〇〇円
69 最後のユダヤ人　ジャック・デリダ著／渡名喜庸哲訳　一八〇〇円
70 嘘の歴史　序説　ジャック・デリダ著／西山雄二訳　一八〇〇円

本書の関連書

終わりなきパッション　デリダ、ブランショ、ドゥルーズ　守中高明著　二六〇〇円
逆光のロゴス　現代哲学のコンテクスト　高橋哲哉著　三五〇〇円
証言のポリティクス　高橋哲哉著　二二〇〇円
『ショアー』の衝撃　鵜飼哲・高橋哲哉編　一八〇〇円
表象の光学　小林康夫著　二八〇〇円
歴史のディコンストラクション　共生の希望へ向かって　小林康夫著　二四〇〇円
存在のカタストロフィー　〈空虚を断じて譲らない〉ために　小林康夫著　二八〇〇円
人文学と制度　西山雄二編　三二〇〇円